이기동 교수의
우리 문화의 재발견

나의 서원書院 나의 유학儒學

한국인의 마음을 찾아 떠난 여행

이기동 지음

사람의무늬

한국의 문화재들은 크기나 규모 면에서 외국의 그것들에
비할 바가 못 된다. 그렇기 때문에 힘을 자랑하는 사람들은
우리 문화재들을 종종 보잘것없는 것으로 치부해버리곤 한
다. 그러나 그곳에 철학의 옷을 입히고 다시 바라보면 많은
것이 달라 보인다. 문화재들은 우리에게 행복의 참된 의미
를 선사해줄 뿐만 아니라 기존하는 세계의 문화에도 남다
른 영향을 전해줄 만한 저력까지 품고 있다.

　개인적으로 담양 소쇄원은 찾을 때마다 세상에 내어놓
아도 손색없는 우리네 자랑거리임을 느끼곤 한다. 몇 해 전
거기에 남다른 사색의 옷을 입혀 『천국을 거닐다, 소쇄원』
이라는 책을 펴낸 것도 바로 그런 이유에서였다.

　그 책을 읽은 한 미디어(『중앙선데이』)의 책임자로부터 한

달에 한 번씩 소중한 우리네 문화유산들을 제대로 소개해보자는 제의를 받은 게 몇 해 전이었다. 그러고는 전국의 서원들을 중심으로 우리 문화재들에 대한 연재가 시작되었다.

　총 여덟 차례의 연재를 마치자 이번에는 『천국을 거닐다, 소쇄원』을 펴냈던 성균관대학교출판부에서 연락이 왔다. 기왕에 연재된 것들과 그 연재에 미처 다 담아내지 못한 서원과 명소들에 대해서도 철학의 옷을 입혀 책으로 정리해보자는 제의였다. 처음에는 망설였다. 하지만 그것이 무엇보다 의미 있는 일이라는 것을 알기에 마음을 고쳐 잡는 데 그리 오랜 시간이 걸리지는 않았다. 이 책 『나의 서원 나의 유학』이 세상에 나온 까닭은 이렇다.

오늘날 사람들은 힘을 중시하고 자랑한다. 남의 나라를 침략해 식민지로 삼았던 사람들은 스스로를 자랑스러워하는 반면, 식민지가 되었던 나라 사람들은 자신을 부끄러워한다. 이런 넌센스는 시대가 바뀌면 당연히 달라질 것이다. 몸보다 중요한 것이 마음이고, 힘으로 제압하는 것보다 사랑으로 용서하는 것이 더 참되다.

　　참된 세상이 되면 모든 것이 바뀐다. 큰 규모로 사람을 위압하는 문화재보다 규모가 작으면서도 사람을 따뜻하게 품어주는 문화재가 더 돋보이게 될 것이다. 한국의 문화재들이 그렇다. 한국의 문화재들은 따뜻한 어머니의 품속과 같다. 엄마 품이 그리워질 때면 영락없이 찾게 되는 그런 문화재들이다.

오늘을 사는 사람들은 경쟁에 시달리다가 마음마저 얼어붙어버렸다. 누군가 따뜻하게 품어주지 않으면 사람처럼 살아가기 어려울 지경이다. 필자가 우리네 문화재를 찾는 또 하나의 이유가 바로 여기에 있다. 이 책이 우리 문화재를 그리워하는 이들에게 조금이나마 도움이 될 수 있었으면 하는 마음 간절하다.

2018년 여름에

필자

차 례

| 서천 문헌서원 |

이색이 완성한 천인무간의 성리학

조선의 정치 이념이 되다

서천
문헌서원

사상의 기틀

흔히 조선 왕조 오백 년의 기틀을 만든 사람으로 삼봉 정도전(三峰 鄭道傳, 1342~1398)을 꼽는다. 그는 궁궐·종묘·사직·성균관 등의 자리를 정하고, 숭례문을 위시한 각 성문의 이름을 지었으며, 『조선경국전(朝鮮經國典)』을 지어 조선 통치의 기초를 다진 인물이다. 그의 업적은 실로 위대하다.

하지만 이보다 더 중요한 것은 일국의 정치 이념으로 삼을 사상을 정착시키는 일이다. 중국의 춘추전국시대나 위진 남북조시대가 혼란스러웠던 건 당시 사람들이 마음을 의탁할 사상을 찾지 못했기 때문이다. 고려시대 말기에 세태가

목은 선생을 모신 문헌서원에선 목은 선생처럼 되도록 학생들을 가르쳤다
오른쪽 아래 건물이 선생의 위패를 모신 사당인 효정사이며
효정사 앞 건물이 유생들을 가르치던 진수당이다

혼탁해진 것도 근본적으로 당시의 지배 이념이었던 불교가 타락해 백성들의 지지를 얻어내지 못했기 때문이다.

그러하여 고려 말의 지식인들은 불교를 대신할 사상을 찾았고, 중국 송나라의 대유학자인 주희(朱熹, 1130~1200)가 확립한 성리학을 수용해 정착시키고자 노력했다. 그 대표자 가운데 한 사람이 바로 목은 이색(牧隱 李穡, 1328~1396) 선생이다.

그가 성리학을 정착시켜 놓지 않았다면, 이성계가 고려 왕조를 전복하고 세운 새로운 국가 조선이 제대로 유지될 수 없었을 것이다. 이성계의 정치적인 성공은 이색이 체계화한 성리학의 토대 덕분이었다고 해도 과언이 아니다.

목은에게는 학문을 이룬 사람의 위엄이 있었다. 공민왕이 목은과 또한 성리학에 밝았던 초은(樵隱, 이인복 李仁復, 1308~1374)을 궁궐로 부를 때는 항상 좌우 신하들로 하여금 향을 피우게 했다.

당시 요승으로 불리며 공민왕의 총애를 받던 신돈(辛旽, ?~1371)이 이를 보고 왕에게 아뢰기를, "국왕이 신하를 보는데 공경함이 어찌 이와 같습니까?"라고 하자, 공민왕은 "네가 어찌 이 두 분의 도덕이 보통 선비와 다름을 알겠는가? 또 이색의 학문은 살과 피부를 버리고 골수만 빼낸 것이다. 그러기에 중국에서도 그에 비교할 사람이 드물다. 내가 어찌 감히 함부로 대접할 것이겠느냐?"라고 답했다는 기록이 있다.

목은 선생이 개경으로 올라와 이성계의 사저로 간 적이 있었는데, 그때 이성계는 크게 놀라 반기면서 목은을 상좌에 앉히고 꿇어앉아 술을 올린 적도 있었다.

성리학을 수입한 것은 안향(安珦, 1243~1306) 선생이지만, 성리학을 완전히 정착시킨 이는 목은이었다. 성균관 대사성이 된 이후 많은 학자들이 그의 문하에서 배출되었다. 김구용(金九容)·염홍방(廉興邦)·문익점(文益漸)·정몽주(鄭夢周)·정도전·박의중(朴宜中)·하륜(河崙)·권근(權近)·이숭인(李崇仁)·맹사성(孟思誠)·길재(吉再)·박은(朴訔)·이원(李原) 등이 대표적인 인물들이다.

이들 가운데 주목해야 할 두 인물이 바로 정몽주와 정도전이다. 고려 말의 민심은 불교를 떠났고, 그 사상을 정치 이념으로 삼고 있던 고려 왕실로부터도 떠났다. 정도전은 불교와 고려 왕실을 동시에 배척하려 했지만, 정몽주는 불교는 배척하되 고려 왕실은 붙잡으려 했다. 결과적으로 민심은 정도전을 따랐다. 이는 정도전이 조선 건국의 아버지로 부상했지만, 정몽주는 선죽교에서 최후를 맞이하게 된

근본적인 원인이기도 하다.

하지만 조선 왕조가 성립된 뒤에는 불교를 공격할 필요도 없어졌고, 고려 왕실을 공격할 이유도 사라졌다. 오직 필요한 것은 새 왕조에 대한 충성심뿐이었다. 그러니 정도전이 피살되고 정몽주가 다시 복권되어 성균관 문묘에 배향되었다는 사실은 역사의 아이러니가 아닐 수 없다.

천인무간
하늘과 사람이 하나

목은 선생의 위대함은 중국의 성리학을 그대로 수용한 게 아니라 우리의 토양에 맞게 뜯어고쳤다는 점이다. 중국 성리학의 핵심은 '천인합일(天人合一)'의 사상에 있다. 이는 사람이 사람 속에 있는 하늘의 요소인 본성을 잘 발휘하고 길러서 하늘처럼 돼야 한다는 사상이다.

그러나 목은 선생의 성리학의 핵심은 '천인무간(天人無間)'의 사상이다. 천인무간은 하늘과 사람이 애당초 사이가 없이 하나라는 의미다. 즉, 사람이 본래부터 하늘과 하나로 연결돼 있다는 것이다. 그리하여 하늘처럼 살지 못하는 현재의 자기 모습이 안타깝기도 하고, 천국과 닮지 않은 지금의 세상이 안타깝기도 하지만, 하늘이 되어 세상을 초연하게 바라볼 수도 있다.

목은 선생의 사상에는 이 세 가지가 다 들어 있다. 하늘처럼 살지 못하는 안타까움은 자기의 본래 모습을 깨닫기 위한 철저한 수양철학으로 나타난다. 이는 회재 이언적(晦齋 李彦迪, 1491~1553) 선생을 거쳐 퇴계 이황(退溪 李滉, 1501~1570) 선생에게로 이어진다. 혼탁한 세상에 대한 안타까움은 이를 천국으로 만들기 위한 강렬한 정치적 실천철학으로 나타난다. 이는 정암 조광조(靜庵 趙光祖, 1482~1519) 선생을 거쳐 율곡 이이(栗谷 李珥, 1536~1584) 선생으로 이어진다. 또한 세상을 초연하게 바라보는 철학은 모든 사상을 하나로 아우르는 회통철학으로 나타난다. 이는 매월당 김시습(梅月堂 金時習, 1435~1493) 선생과 화담 서경덕(花潭 徐敬德, 1489~1546) 선생을 거쳐 남명 조식(南冥 曹植, 1501~1572) 선생에게로 이어진다. 이 세 줄기의 사상이 모두 목은 선생으로부터 발원하는 것이다.

문헌서원에서

문헌서원(文獻書院)은 목은 선생을 모신 서원이다. 충남 서천군 기산면 서원로 172번길 66, 기린봉 자락에 있다. 지금은 서해안고속도로와 서천공주고속도로가 개통돼 서울에서 훨씬 가까워졌다. 1871년 대원군의 서원 철폐령에 의해 훼철되었다가 1969년 유림들의 뜻으로 지금의 위치에 복원됐다.

서원은 오늘날의 사립 중고등학교에 해당하지만, 배움의 내용은 오늘날의 그것과 달랐다. 서원 교육의 목적은 사람을 사람다운 사람으로 만드는 데 있었다. 이를 위해 가장 효과적인 방법은 가까이 계셨던 인물 가운데 본보기가 될 만한 인물을 모셔 놓고 그와 닮도록 노력하는 것이다. 문헌서원에서는 목은 선생을 모시고 그와 같은 사람이 되도록 학생들을 가르쳤다.

문헌서원에 당도하니 먼저 홍살문이 나를 맞아주었다. 홍살문은 성현이 계시는 성스러운 지역임을 표시하는 문이다. 이 문을 들어가면서부터는 몸과 마음을 가다듬어야 한다.

홍살문을 거쳐 그 오른쪽에 있는 연못과 누각을 지나니, 서원의 정문이 나왔다. 진수문(進修門)이라는 현판이 쓰여

유생들이 공부하던 진수당
문 좌우에 유생들의 기숙사인 석척재와 존양재가 있다

있다. 진수란 진덕수업(進德修業), 즉 바른 마음으로 나아가 제대로 공부하라는 의미다.

진수문을 들어서니 좌우에 학생들의 기숙사가 보인다. 서쪽에 있는 기숙사가 서재(西齋)이고, 오른쪽에 있는 기숙사가 동재(東齋)다. 서재에는 석척재(夕惕齋)란 현판이 걸려 있다. 석척이란 『주역』「건괘」에 나오는 말로, '아침부터 부지런히 노력하고 저녁때까지 속을 태우며 게을리하지 않는다'는 뜻이다. 동재에는 존양재(存養齋)라는 현판이 걸려 있다. 존양이란 『맹자』에 나오는 '존기심양기성(存其心養其性)'에서 따온 말이다. '마음을 흩트리지 않고 잘 보존하여 자신의 타고난 본성을 잘 기른다'는 뜻이다.

동재와 서재를 지나 그 정면에 교실인 진수당(進修堂)이 자리 잡고 있다. 진수당 뒤편으로 돌아가니 목은 선생과 그의 부친인 가정 이곡(稼亭 李穀, 1298~1351) 선생을 모신 사당이 있다. 사당에는 효도하는 마음으로 편안해진다는 효정사(孝靖祠)란 현판이 걸려 있다.

사당에 들어가 목은 선생에게 예를 갖춘다. 왼편에 있는 영당에도 들렀다. 목은 선생의 영정 앞에서 절을 올리니 지금의 혼란을 염려하는 선생의 따뜻한 음성이 들리는 듯하다. 영당을 나와 효정사의 오른쪽에 있는 장판각으로 발길을 옮긴다. 이곳엔 가정 선생과 목은 선생의 문집을 출간하기 위한 판각이 옛 상태로 잘 보존돼 있다.

목은 선생의 묘소는 기린봉 자락 아늑한 곳에 자리 잡고 있다. 오색찬란한 빛깔의 털에 이마에는 기다란 뿔이 달린 전설의 동물인 기린은 세상을 구제하는 성인이 나온다는 것을 알리는 동물로 통한다. 기린봉을 바라보고 있자니 '세상을 구할 성인이 여기 묻혀 있다'고 말하는 듯하다.

묘소에서 예를 올린 뒤에도 한참을 그 자리에 머물러 있었다. 마치 고향을 찾을 때처럼 편안했다. 다시 서원 앞까지 내려와 앞산을 바라보니 마치 책상 같이 생긴 숭정산이 눈에 들어왔다. 목은 선생이 어릴 때 공부했던 절이 있던 바로 그 산이다. 며칠 머물면서 목은 선생의 품에 안기듯 숭정산에 오르고 싶은 마음이 간절해졌다.

바른 마음으로 나아가 제대로 공부하라는 진수당의 현판
그 안쪽에 문헌서원의 현판이 걸려 있다

| 성균관과 문묘 일원 |

은행나무 아래서
우리 교육의 현실을 되돌아보다

성균관과
문묘 일원

사상의 원류

우리는 어디서 왔으며, 현재의 우리를 만들어낸 것은 과연 무엇일까?

한국인이라면 한번쯤 중국에서 유입된 유학(儒學)의 사상과 이념이 오랜 시간 우리네 삶의 토대를 이루어왔다는 데 의구심이나 불만을 품어봤음 직하다. 그런데 이 맥락은 어떤 의미에서는 사실이고, 또 어떤 의미에서는 사실이 아니다.

유학은 성인(聖人) 공자에 의해 '정리된' 사상 체계다. 공자가 유학을 만들어낸 것은 아니다. 그는 사오천 년 이전부터 있어왔던 사상을 정리하면서 중국의 요 임금과 순 임금의 사상부터 서술하기 시작했을 뿐이다. 공자 이전에도 사상이 있었고, 철학이 있었다.

요 임금과 순 임금의 사상은 현재 중국 동북 지역에서 발원한 이족(夷族)의 사상이 그 원류다. 공자가 이족이 사는 땅에 가서 살고 싶다는 바람을 밝힌 까닭이 여기에 있다. 또한 이족은 우리 옛 조상을 지칭하는 말이기도 하다. 물론 지금도 중국의 동북 삼성(지린성·랴오닝성·헤이룽장성)과 산둥반도 등지에 이족이 살고 있지만, 그 주류는 한반도에 살고 있는 한국인들이다.

"누군가 이족이 사는 땅은 누추한 변방이 아니겠느냐고 물었을 때, 공자는 그곳에 군자들이 살고 있기 때문에 그럴 리 없다(『논어』「자한」편)"고 대답한다. "중국에서 제 뜻을 펼치는 일이 순조롭게 진행되지 않자, 뗏목을 타고 바다로 떠나고 싶다(『논어』「공야장」편)"는 심경을 토로할 때도 그가 가리킨 방향은 오직 동쪽이었다. 당시 공자가 있던 곳에서 뗏목을 타고 동쪽으로 향할 때 발을 딛게 되는 곳은 랴오닝반도가 아니면 한반도다.

청나라 시기의 학자 유보남(劉寶楠, 1791~1855)은 미완성 유고 『논어정의(論語正義)』에서 공자가 뗏목을 타고 떠나고 싶어 했던 곳을 모두 조선이라고 주석했다. 그는 당시 공자

공자성적도 「퇴수시서(退修詩書, 물러나 시경과 서경을 닦다)」
공자는 인생 후반기에 이르러 더 이상 정치에 미련을 두지 않고
『시경』과 『서경』 등 고전들을 정리하기 시작했다

가 '구이(九夷)'에 가고 싶어 했다고 쓰고 있는데, 구이란 단군 조선이 멸망한 뒤 여러 부족으로 나뉘어 살던 이족들을 일컫는 표현으로, 당시 공자도 그들과 그들이 살던 땅을 구이라고 불렀다는 것이다. 즉, 구이는 단군 조선의 후예들이다.

사실이 이렇다면, 유학은 고조선의 사상에 그 뿌리를 두고 있다고도 볼 수 있지 않을까? 익히 알려진 것처럼 고구려 소수림왕 때 태학(太學)이 설립되면서 중국에서 수입된 것이 아니라, 단군 조선 때의 사상이 공자에 의해 정리되었다가 다시 소수림왕 때 부활한 우리네 사상은 아니었을까?

성균의 공간을 찾는 이유

왕조의 변화는 있었지만, 유학은 언제나 국가 차원에서 계승되고 발전되었다. 고구려 태학에서 교육되기 시작한 유학은 신라의 국학(國學), 발해의 주자감(冑子監), 고려의 국자감(國子監)을 거쳐, 이른바 조선의 국립대학인 성균관(成均館)으로 이어졌다. 조선은 유학을 통치 이념으로 내세운 국가였기에, 그 교육과 의례의 중심이었던 성균관과 문묘(文廟, 공자의 위패를 모신 사당) 일원은 그 자체로 조선의 흥망성쇠를 들여다볼 수 있는 상징적인 장소다.

'성(成)'은 파괴된 인간성을 바로잡아 이룬다는 뜻이고, '균(均)'은 고르지 못한 세상을 고르게 만든다는 뜻이며, '관(館)'은 학교의 건물을 뜻한다. 먼저 성균관 들머리에서 비각 하나가 나를 맞는다. 영조대왕이 세운 탕평비가 그 안에 서 있다.

당시 정치인들은 당파 싸움에 여념이 없었다. 이 상황을 견디지 못한 영조대왕이 직접 『논어』 가운데 한 구절을 따서 문장을 만들었다. 비에 새겨진 글귀다. "두루두루 어울리고 한 편에 가서 줄서지 않는 것은 군자의 바른 마음에서 연유한다. 한 편에 가서 줄만 서고 두루두루 어울리지 못하는 것은 소인의 개인적인 욕심에서 비롯된다." 『논어』「위정」편의 원문은 이렇다. "군자는 두루 어울리되 사사롭게 무리 짓지 않고, 소인은 사사롭게 무리 짓지만 두루 어울리지 못한다."

군자와 소인은 삶의 내용이 반대다. 군자는 모든 사람과 하나로 이어져 있는 한마음으로 살기 때문에, 모든 사람이 '남'에서 '나'로 바뀐다. 그러므로 군자는 모든 사람과 두루 어울려서 조화를 이룬다. 그러나 소인은 자기 욕심만 채우려 들기 때문에, 욕심을 채울 수 있는 사람들끼리만 어울려 당파를 만들고, 당파의 이익을 위해 당파에 들어 있지 않는 사람들을 희생시킨다.

당시 정치인들은 자신이 속한 붕당의 권세를 위해 성균관 유생들을 끌어들이곤 했다. 그들의 정의감은 고약한 정치인들에게 이용당하기 일쑤였다. 영조대왕이 훗날 국가의 동량을 이어받을 유생들을 생각하며, 그들에게 경각심을 불러일으키기 위해 성균관 들머리에 이 비를 세운 소이는 분명해진다.

이 비 앞에서 잠시 만감이 교차한다. 지금 우리는 조선 망국의 원인을 넘어섰는가? 여전히 당파를 만들어 서로 싸우고 있지는 않는가? 학연·지연·혈연······ 이 모든 구태를 우리는 극복했는가? 성균의 공간에 들기 전에 스스로에게 되물어보았다.

비각 안에 세워진 것이 탕평비이고
그 오른쪽에 겸손하게 서 있는 것이 하마비다

하마비
저절로 겸손해지는 곳

탕평비 바로 곁에 작은 비석이 하나 더 서 있다. 하마비(下馬碑)다. 비에는 "여기를 지나는 크고 작은 사람들은 모두 말에서 내리라"고 쓰여 있다. 성균관과 문묘 일원은 공자를 위시한 여러 성인이 계시는 곳이기 때문이다.

현대인들은 더 이상 성인에 대한 존경심을 배우지 않는다. 공자에 대해서도 그대로 이름을 부르고 그대로 표기한다. 모든 사람이 우열 없이 평등하다는 생각에서일 것이다. 하지만 이 생각의 저변엔 자기 자신이 세상의 기준이라는 인간의 오만함도 도사려 있다.

이런 생각이 지나친 경우를 종종 목격하곤 한다. 자신보다 착한 사람에게 "저렇게 착해 빠져서는 세상을 제대로 살 수 없다"거나 자신보다 못된 사람에게 "저런 놈들 때문에 나라가 안 돼"라는 사람들이 주변에는 많다. 그들이 존경하는 사람이라곤 오직 자기 욕심을 자기보다 먼저 채운 사람들뿐이다.

사람이 누구나 평등하게 태어난 것은 사실이다. 애당초 사람은 모두 천사의 마음으로 태어난다. 그러나 자라면서

이 마음을 유지하는 사람과 잃어버린 사람의 차이는 크다. 이 마음을 잃어버리고 욕심에 빠져버린 사람은 불행하다. 게다가 남까지 불행하게 만든다.

이런 사람에게는 천사 같은 사람이 나타나 욕심을 버리고 본래 사람이 가지고 있던 천사의 마음을 회복하도록 가르칠 필요가 있다. 이것이 인간을 행복으로 인도하는 가장 빠른 방법이다. 공자도 그런 사람이었고, 석가모니도 그런 사람이었으며, 예수도 그런 사람이었다. 이들이 바로 성인이다.

이런 분들을 존경하지 않을 수 없는 것이다. 그리고 이들 앞에서 겸손해지는 건 자연스럽다. 따라서 공자가 계신 곳을 지날 때 말에서 내리라는 말은 명령이 아니다. 하마비 또한 그저 저절로 말에서 내리게 되는 지점을 표시해둔 표지석일 뿐이다.

대성전과 명륜당

하마비를 지나면 남쪽에 세 칸으로 지어진 신삼문(神三門)이 나온다. 중앙 문은 신이 드나드는 문이고, 동쪽 문은 사람들이 들어가는 문, 서쪽 문은 나오는 문이다. 이 문을 들어서면 공자의 사당인 대성전(大成殿)이 나온다. 사실 신삼문은 대성전에 모셔진 공자와 여러 현인들에게 제사를 올리는 석전제(釋奠祭) 때 외에는 닫혀 있기 때문에, 평소에는 동쪽으로 돌아가서 명륜당 뜰을 거쳐야 대성전으로 들어갈 수 있다.

지금 걸려 있는 대성전 현판은 명필이었던 석봉 한호(韓濩, 1543~1605)의 글씨다. 대성전 앞 양옆에는 측백나무 두 그루가 심어져 있는데, 왼쪽 나무는 오륜을 뜻하는 다섯 가지로 되어 있고, 오른쪽 나무는 삼강을 뜻하는 세 가지로 되어 있다.

대성전에는 공자의 위패를 가운데 모시고, 그 양옆으로 공자의 제자인 4성(四聖)과 공문 10철(孔門 十哲)을 배향하고, 송조 6현(宋朝 六賢)과 우리나라 동방 18현(東方 十八賢)의 위패를 모셔놓고 있다. 대성전 앞 좌우로는 동무(東廡)와 서무(西廡)가 있다. 원래 이곳에 중국과 우리나라 현인들의 위패를 모셨었는데, 94현의 위패를 매안(埋安)하고 송조 6현과 동국 18현을 대성전으로 옮겼기 때문에 지금은 비어 있다.

대성전 뒤로 성균관 유생들이 강학하던 명륜당(明倫堂)이 있다. 명륜당은 인간의 윤리를 밝히는 집이라는 뜻이다.

대성전

성균관에서의 교육은 참된 인간을 만드는 것이 목표였다. 이를 위해서는 참된 인간을 모셔놓고 닮기 위해 노력하는 것이 효과적이다. 대성전에 공자를 위시해 여러 위인을 모셔놓은 까닭이 이렇다.

매년 음력 2월과 8월 상정일에는 대성전에서 큰 제사를 지내는데 이를 석전제라 하며, 이는 유생들의 개학식에 해당한다. 유생들은 일 년에 두 번 봄가을로 제를 올리면서 여러 성현들을 받들어 그들을 닮기 위해 정진하겠다는 다짐을 했다.

성균관은 대성전이 앞에 명륜당이 뒤에 있는 구조다. 앞보다 뒤가 더 귀한 자리라는 데서 미루어보건대, 유생들의 교육 공간이 제례 공간보다 더 우선한다는 사실을 알 수 있다. 엄밀히 말하면 공자를 위해 공부하는 것이 아니라 공부를 위해 공자가 요청된다는 의미다.

하지만 지방의 향교들을 보면, 대부분 명륜당이 앞에 대성전이 뒤에 있는 구조다. 같은 맥락에서 해석해보건대, 공부가 중요하다고 공자를 위시한 현인들을 가벼이 여기는 마음이 생겨서는 안 된다는 의미에서였으리라. 일반적으로 유생들은 이런 향교에서 공부를 마친 뒤 시험에 통과해야만 성균관에 입교할 수 있었다. 그제야 제대로 된 공부가

대성전에 신위들이 배향된 위치를 담은 「문묘향사배열도(文廟享司配列圖)」

다시 시작되는 셈이었거니와 성균관의 구조가 이를 뒷받침한다.

명륜당에 올라서면, 옛 선비들이 여기서 글을 읽고 공부했을 장면들이 눈앞에 선히 그려진다. 퇴계 선생도, 율곡 선생도, 다산 선생도 여기서 공부했다. 명륜당의 전면 좌우로 길게 늘어선 두 동의 건물도 보인다. 오른쪽이 동재(東齋), 왼쪽이 서재(西齋)로, 유생들이 생활하던 기숙사다. 조선의 문인 학자치고 이곳을 거치지 않은 인물이 드물다. 동재 바깥쪽에 식당이었던 진사 식당이 있고, 명륜당 뒤편에는 도서관에 해당하는 존경각이 자리해 있다.

행단
은행나무 아래서

명륜당에서 앞을 바라보면 커다란 은행나무 두 그루가 눈에 들어온다. 대성전 뜰에도 은행나무가 있지만, 그보다는 명륜당 은행나무가 더 장관이다. 『신증동국여지승람(新增東國輿地勝覽)』이나 『송자대전(宋子大典)』 등에 따르면, 이 은행나무는 조선 중기 대사성이었던 윤탁(尹倬, 1472~1534)이

명륜당과 은행나무

심은 것으로 되어 있다.

유학이나 공자가 연관된 곳에는 영락없이 은행나무가 심어져 있곤 한다. 사연인즉, 공자가 강의를 시작했던 작은 집 뜰에 살구나무가 심어져 있었고, 사람들은 살구나무 '행(杏)'자를 써서 그곳을 '행단(杏亶)'이라 불렀다. 그러다 후대에 공자의 학문이 번성하자 살구나무 크기로는 그에 대기가 모자랐던지 같은 한자를 쓰는 은행나무로 대치했다는 것이다.

명륜당 은행나무 아래에 서면 공자와 그 유학의 넉넉함이 내 좁은 도량을 감싸는 듯하다. 은행나무 아래서 그 옛날 유생들이 잠시 공부를 쉬며 한담을 나눴을 장면들도 눈앞을 지나간다.

성균관을 돌아보면서 오늘날 우리네 교육의 현실을 자주 떠올렸다. 오로지 경쟁력을 강화하기 위해 학생들을 다그치고 있는 건 아닌지 후회와 한숨만 겹친다. 그런 교육은 그저 욕심 많은 인간을 만들 뿐이다. 교육이 무너지는 것보다 더 큰 걱정은 없는 것임을 우리는 잊지 말아야 한다.

| 여주 영릉 |

백성과 한마음이었던
세종대왕을 흠모하다

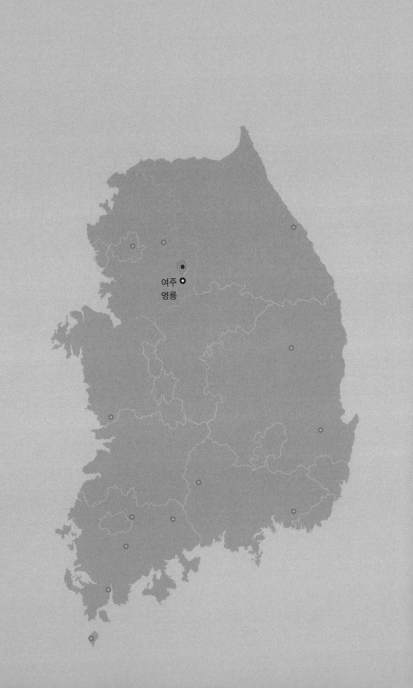

여주
영릉

정치인이 아니었던
정치인

정치인들을 보는 것이 괴로워질 때면 찾아뵙고 싶은 분이 있다. 바로 영릉(英陵)에 계신 세종대왕이다. 정치를 했으면서도 정치인이 아니었던 사람…… 각종 정치인 관련 비리 뉴스가 미디어를 장식할 때마다, '기호 몇 번' 확성기 소리가 귓가를 찢는 선거철이 돌아올 때마다 그분 생각이 나고 자꾸 그리워진다.

영릉은 경기도 여주시 능서면 왕대리에 위치한다. 원래는 오늘날 서울 내곡동에 자리한 헌릉(태종과 원경왕후의 능)의 서쪽 산줄기에 있었는데, 1469년에 현 위치로 옮겼다.

소헌왕후와 합장하여 특이하게도 봉분은 하나뿐이다. 하지만 혼유석은 봉분 앞에 나란히 두 개를 놓아두었다.

또 병풍석 없이 난간석만 봉분을 감싸고 있다. 난간석엔 12지 신상을 조각하는 걸 대신해 문자만 새겨두었다. 두 혼유석이 놓인 곳 앞에 팔각형으로 다듬은 장명등이 서 있고, 봉분 주위에는 석상, 석마, 문인석, 무인석 등이 배치되어 있다.

이렇게 영릉은 외형적으로는 다른 능과 큰 차이를 보이지 않는다. 하지만 내용상 차이는 크다. 아무리 집이 화려해도 그곳에 사는 사람이 시원찮으면 빈약해 보이고, 비록 초가삼간일지언정 그곳에 사는 사람이 훌륭하면 넉넉해 보인다. 영릉이 그렇다. 보기만 해도 가슴이 뭉클해진다. 세종대왕이 거기에 누워 계시기 때문이다.

『논어』에는 이런 문장이 있다. "정치적 술수로 백성들을 다스리고 문제가 생길 때 형벌로 제압한다면, 백성은 법에 걸리지 않으려고만 하고 양심의 가책조차 느끼지 않는다. 덕으로써 백성들을 인도하고 예절을 가르쳐 질서를 확립하면, 백성들이 양심의 가책을 느끼며 세상은 그로 말미암아 바르게 된다."

세종대왕은 국왕의 자리에 있었지만 무릇 정치인은 아

영릉의 근경

니었다. 마치 오직 백성만을 사랑하라고 하늘이 보내준 부모와 다름없었다. 부모는 자녀에게 사랑을 베풀기만 할 뿐, 그 대가를 바라지 않는다. 백성을 대하는 세종대왕의 마음도 이와 같았다. 그는 백성에게 사랑을 베풀기만 했을 뿐, 그 대가를 바라 통치하거나 그 위에 군림하지 않았다.

고정 관념에
사로잡히지 않으니

세종대왕은 공자의 가르침에 철저했다. 어릴 때부터 책을 손에 들면 놓지 않았다. 사서와 삼경에 달통했고, 초사와 통감 등도 꿰뚫었다. 그의 일거수일투족은 외형적으로 보면 공자의 가르침에 대한 실천 그 자체였다. 하지만 그 내면을 살펴보면 한국인의 '한마음'이 밖으로 드러난 것이었다. 그는 유학에서 말하는 이상향(대동사회)과 한국인이 말하는 이상적인 인간상(홍익인간)을 꿈꿨다.

　한마음을 지닌 사람은 남과 자신을 분리해 생각하지 않는다. 분리하는 순간 한마음은 사라진다. 분리란 '나는 ㅇㅇ이다'라는 고정 관념을 가지는 데서 출발한다. '내가 사장이다'라는 고정 관념을 가지는 순간 나와 사원의 마음이 분리되고, '나는 선생이다'라는 고정 관념을 가지는 순간 나와 학생의 마음이 분리된다. 세종대왕은 '내가 왕이다'라는 고정 관념을 가지고 있지 않았다. 그는 늘 백성들과 한마음을 유지하고 있었다.

『논어』에 이런 문장이 있다. "우뚝하도다. 순 임금, 우 임금은 천하의 왕이 되었으면서도 자기가 왕이라는 의식을 가지고 있지 않았다." 순 임금과 우 임금이 왕이 된 것은 한마음을 가지고 있었기 때문이었다. 욕심 많은 사람은 자기 것만 챙기지만, 한마음을 가진 사람은 다른 사람의 문제를 해결하기 위해 온 힘을 다한다. 인간은 자신의 문제를 해결해주는 사람을 따르기 마련이다. 한마음을 가진 사람이 왕이 되는 것은 이 때문이다.

그러나 왕이 된 자가 '나는 왕이다'라는 고정 관념을 가지는 순간 한마음은 사라져버린다. 그 마음이 사라져 백성을 사랑하는 마음이 없어지면, 백성이 등을 돌리고 결국엔 나라가 망한다.

세종대왕은 왕세자였을 때도 왕세자라고 의식하지 않았고, 왕이 되었을 때도 왕이라고 의식하지 않았다. 그의 마음은 언제나 백성과 한마음이었다. 백성과 한마음인 사람

영릉의 전경

이 정치를 하면, 백성이 가려워하는 곳을 긁어줄 수 있다. 백성들에게 그런 왕의 정책은 늘 새롭게 다가온다.

은나라를 세운 탕 임금도 낡은 정치를 할까봐 두려워했다. 그는 세숫대야에 명문을 새겨 놓고 세수를 할 때마다 읽어보며 반성했다고 한다. 『대학』은 그가 세숫대야에 적어 놓았던 명문을 이렇게 전한다. "진실로 날마다 새롭고, 날마다 날마다 새로우며, 또 날마다 새롭다."(『대학』「전」2장)

왕이 된다는 것은 왕의 역할을 잠깐 하는 것일 뿐이다. 인간은 왕이라 하더라도 가게에 가면 손님이고, 자녀들을 만나면 부모이고, 부모를 만나면 자녀이며, 경연에 가면 학생일 뿐이다. 그때그때의 역할에 충실하기만 하면 될 뿐이다. 그러므로 '나는 ○○이다'라고 규정짓는 것은 잘못된 고정 관념이다.

세종대왕은 경전 공부를 통해 이를 깨달았다. 피곤하여 잠이 든 집현전 학자를 보고 자신의 곤룡포를 벗어 덮어주었던 일화도 그가 왕이라는 고정 관념을 가지고 있었다면 불가능한 일이었을 것이다.

부모는 자녀에게 언제나 한마음을 가지고 있기 때문에 자녀의 일을 자신의 일처럼 해결한다. 배가 고프면 밥을 먹여주고, 옷이 없으면 옷을 입혀준다. 학교에 가야 할 때 학교에 보내주고, 결혼해야 할 때 결혼을 시켜준다. 그래서 부모가 해주는 일은 늘 반갑고 새롭다. 백성을 위하는 세종대왕의 정치도 늘 그랬다.

백성들이 농사를 잘 지을 수 있도록 『농사직설(農事直說)』이란 농서를 간행했고, 세법 시행을 위해 총 17만2천여 명을 대상으로 여론조사를 실시하기도 했다. 노비들에게 4개월 정도의 출산 휴가를 주었으며, 백성의 건강을 위해 『향약집성방(鄕藥集成方)』이란 의약서도 간행했다. 향학(鄕學)에 백정의 자제도 입학할 수 있게 했고, 『삼강행실도(三綱行實圖)』를 간행하여 백성의 윤리 의식을 고취시켰다. 궁중에서는 천민까지 참석하는 양로연(養老宴)을 베풀었으며, 전국의 각 감사들에게도 정성을 다해 양로연을 베풀게 했다. 또 투옥된 이들의 수감 생활을 염려해 옥사까지 수리하게 했을 정도다. 측우기, 해시계, 물시계, 혼천의 등 수많은 (당시로서는 첨단) 과학 기구들을 만들어냈고, 무엇보다 한글을 창제해 모든 백성이 수이 읽고 쓸 수 있도록 도왔다. 이 외에도 그의 치적은 이루 다 헤아릴 수가 없을 정도다.

영릉의 세종대왕역사문화관에는 그와 관련된 다양한 전시물들이 소장돼 있다. 하나같이 백성을 향한 그의 사랑을 느껴볼 수 있는 여민동락(與民同樂)하는 마음의 결과물들이다.

세종대왕에
답이 있다

예나 지금이나 정치를 하겠다고 나서는 사람들은 대개가 욕심이 많은 모양이다. 욕심 많은 사람이 정치를 하고 싶어 하는 것은 나라와 국민을 사랑하기 때문이 아니라 권력을 잡고 싶어 하기 때문이다. 자공이 어느 날 공자에게 당시 정치인들에 대해 이것저것 물었을 때, 공자는 이렇게 답했다. "한 됫박밖에 안 되는 사람들인데 관심 가질 이유가 어디 있는가!"(『논어』「자로」편)

　　정치인들에 대한 실망감은 예나 지금이나 차이가 없다. 『시경』에서는 또 이런 글이 실려 있다. "하느님의 분노가 이 땅에 내렸도다. 잘못된 나쁜 정치 어느 날에 그치려나. 좋은 일 안 따르고 나쁜 일만 계속하네. 돌아가는 꼴을 보니 가슴이 다 터진다. 어울렸다 헐뜯었다 서글프기 짝이 없다. 훌륭한 정책들은 모두들 등 돌리고, 잘못된 정책들만

영릉 능침에서

골라가며 시행하네. 돌아가는 꼴을 보니 어찌 될지 모르겠네. 슬프도다. 나라 정치 왜 이렇게 잘못 되나. 선민들은 안 본받고 대도에서 벗어났네. 시원찮은 말만 듣고 말다툼만 계속하네. 길손에게 물어가며 집을 짓는 얼간이들."(『시경』「소아」편)

마치 오늘날 정치인들을 바라보는 우리네 심경을 읊은 듯하다. 정치인들은 입만 열면 국민을 위한다고 하지만, 그 말은 거지반 표를 얻기 위한 전략적인 발언들이다. 국민들이 그들의 태도에 염증을 느끼는 건 도리어 자연스럽다.

정치인들아 그대들이 언제 한마음인 적 있었던가? 해답은 멀리 있지 않다. 세종대왕에게 모든 답이 있는데, 자꾸 겉돌기만 하는구나. 생각할수록 속이 상하고 생각할수록 안타깝다. 영릉 세종대왕 앞에서 만감이 교차했다.

| 함양 남계서원 |

백성의 고통 덜어 줬던

풍류 선비 정여창

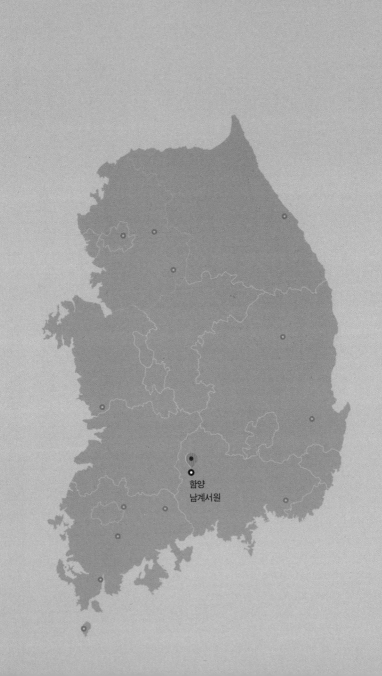

함양
남계서원

초월과 풍류

신라의 대학자 최치원 선생은 한국 문화의 특징을 풍류라 했다. 『삼국사기』「신라본기」진흥왕 37년(576) 조에 다음과 같은 최치원의 「난랑비서(鸞郎碑序)」가 실려 있다.

"나라에 현묘한 도가 있으니, 이를 풍류라 한다. 가르침을 실시한 근본정신은 『선사(仙史)』에 상세하게 설명되어 있다. 실로 세 가르침을 포괄하면서 뭇 생명들을 접하여 감화시킨다. 또한 집에 들어오면 가정에서 효도하고 밖에 나가면 나라에 충성토록 하는 것은 노나라 사구의 뜻이고, 함이 없는 일을 하고 말 없는 가르침을 행하는 것은 주

나라 사관의 종지이며, 모든 악을 짓지 않고 모든 선을 받
드는 것은 인도 태자의 교화이다."

　포함하는 것은 초월할 때 가능하다. 유교에 갇혀 있으
면 유교를 초월할 수 없으므로, 유교를 포함할 수 없는 이
치와 같다. 이는 불교도 마찬가지이며, 오늘날의 기독교 또
한 마찬가지리라. 유교를 공부하면서도 유교를 초월하여
유교를 포함할 수 있으면, 동시에 불교와 기독교 등을 포함
할 수 있다.

　초월하지 못하면 풍류가 없다. 풍류란 초월하여 전체를
포함할 때 비로소 가능해진다. 풍류의 연원은 까마득한 옛
날 고조선의 개국 역사에 닿아 있다. 환웅이 하늘에서 내려
오면서 시작되는 한반도의 역사 말이다. 하늘나라에서 왔
다는 것은 우주에서 내려왔다는 뜻이 아니다. 지상 세계를
초월한 상태에서 모든 것을 포함할 수 있는 한국인의 정신
을 상징적으로 표현한 것이다.

　오늘날 최치원의 자취는 쌍계사·해인사·해운대·태
인·서산·함양 등지에 걸쳐 곳곳에서 찾아볼 수 있지만,
그중에서도 경남 함양이 그의 성지(聖地) 격으로 꼽힌다. 최
치원이 수해를 막기 위해 조성한 것으로 알려진 함양의 상

경남 함양 남계서원의 정문에 해당하는 누각에
'풍영루'라는 현판이 걸려 있다
가운데 공간이 강학 공간
가장 뒤쪽에 있는 건물이 제향 공간으로
조선시대 서원 건축의 초기 배치 형식을 잘 보여주고 있다

채용신(1850~1941)이 그린 「최치원의 초상」이다
중국 당나라 때의 복식을 따라
두를 쓰고 붉은색 단령을 입고 있으며
가부좌를 하고 의자에 앉아 있는 모습이다
손에 불자를 들고 있는 모습이나
의자 아래 신발이 놓여 있는 모습은
불교의 승려 초상화 형식을 따른 것이다

림(上林)이 지금도 함양 사람들에게 사랑을 듬뿍 받고 있어서다.

정여창과 사화

함양이 낳은 걸출한 인물 중에 일두 정여창(一蠹 鄭汝昌, 1450~1504) 선생이 있다. 정여창의 초명은 백욱(佰勖)이었는데, 어릴 때 그를 눈여겨본 중국의 사신이 "너는 커서 집을 크게 창성하게 할 것이므로, 이름을 여창(汝昌)으로 하라"고 했다고 전한다.

　정여창은 사화(士禍)의 인물이다. 두 차례의 사화 끝에 부관참시 되는 불운을 겪었다. 그런 정여창과 최치원의 풍류가 어떻게 연결되는 것일까?

　정여창은 함양군수로 와 있던 점필재 김종직(佔畢齋 金宗直, 1431~1492) 선생의 문하에 들어가 학문을 연마해 성리학에 밝았다. 1480년 성종이 성균관에 유서를 내려 행실이 돈독하고 학문에 밝은 사람을 구하자 성균관에서 가장 먼저 천거한 인물이 정여창이다.

　그는 1490년 과거에 급제하여 당시 동궁이었던 연산군을 보필했지만 그와 서로 뜻이 맞지 않았다. 연산군 1년(1495)에는 안음현감이 됐다. 공정한 일처리로 백성들의 고통을 덜어주는 데 앞장섰다. 원근에서 해결하기 어려운 옥사와 판결이 있으면 반드시 당사자를 만나서 물어본 뒤에 시행했으므로 백성들의 칭송이 자자했다. 그의 실천은 조선 왕조의 정치 이념인 유학 정신과 실지의 정치가 결합된 이상형이었다.

거슬러 올라가면 이런 유학적 이상 정치가 만개하던 시절은 세종 때였다. 그러나 세종 사후 세조 때 균열이 일어난다. 수양대군(훗날의 세조)이 어린 조카 단종을 쫓아내고 왕위에 오르자 유학자들 가운데서 반발이 일었다. 첫 번째 저항은 당시 권력 가까이에 있던 사육신들에 의한 단종 복위 운동이었다. 하지만 이는 실패로 돌아간다. 이후 권력의 핵심에서는 벗어나 있으면서 정치인들을 꾸짖는 이들, 이른바 사림(士林)이라는 독특한 그룹이 유학자들 가운데서 생겨난다.

이 사림에 화를 불러온 이가 김종직이었다. 시작은 그의 「조의제문(弔義帝文)」이다. 이 글은 항우(項羽)에게 죽은 초나라 의제(義帝)를 위로하는 형식을 띠었지만, 실상은 세조에게 죽임을 당한 단종을 위로하고, 그 왕위를 찬탈한 세조를 은근히 비난하는 글이었다.

이를 빌미로 이극돈(李克墩, 1435~1503)을 위시한 당시 집권 세력이 사림파를 제거한 것이 조선조 4대 사화 가운데 첫 번째인 무오사화(戊午史禍, 1498)다. 이때 김종직은 부관참시를 당했고, 그의 문인들이었던 김일손(金馹孫)·권오복(權五福)·권경유(權景裕)·이목(李穆)·허반(許磐) 등은 참수됐다.

정여창은 무오사화 때 함경도 종성에 유배됐다가 그곳에서 생을 마감했으나 뒤이은 갑자사화(甲子士禍, 1504)에 다시 연루되어 부관참시를 당했다. 그 뒤 중종 때 신원이 되어 우의정에 증직되었고, 1610년(광해군 2)에 문묘에 배향되었다.

풍류는 중용에서 나온다
남계서원 가는 길

『중용』은 사람의 마음이 바르게 되기만 하면, 그 순간 세상은 바로 평화로워진다고 가르친다. 이 세상이 이미 평화롭다는 것을 안다면, 굳이 세상을 바로잡으려는 노력을 하지 않아도 된다는 의미이기도 하다.

여기 에피소드가 하나 있다. 공자가 어느 날 제자들에게 국정을 맡게 된다면 어떻게 할 것인지 물었다. 대부분의 제자들은 빠른 시일 안에 정치와 경제를 안정시키겠다고 대답했다.

그런데 이때 증점(曾點)은 "늦봄에 봄옷이 만들어지면 갓을 쓴 대여섯 사람과 동자 예닐곱 명을 데리고 기수에 가서 목욕하고 무우에 가서 바람을 쐰 뒤 노래하면서 돌아오겠다"고 답했다. 공자는 다른 누구보다 이런 증점을 칭찬했다. 당시는 극도로 혼란했던 춘추전국시대였지만, 마음이 바르게 되면 어지러운 세상에서도 초연한 상태로 풍류를 즐길 수 있다는 정신이야말로 유학의 정수라고 여긴 것이다.

정여창에게도 이런 풍류가 있었다. 1486년 모친상을 당해 3년 동안 시묘를 한 뒤, 그는 지리산 자락에 있는 섬진강 강가에 집을 짓고, 대나무와 매화를 심으며 유유자적하게 지내려 했다. 물론 과거에 합격하여 벼슬길에 나가기도 했지만, 그의 본심은 이런 풍류를 즐기며 사는 것이었다. 이런 정여창의 영혼이 느껴지는 곳이 바로 남계서원이다.

경남 함양군 수동면 원평리에 있는 남계서원은 흥선대원군의 서원 철폐령 때도 훼철되지 않고 지금까지 옛 모습

겸제 정선이 그린 「행단고슬도(杏壇鼓瑟圖)」는
『논어』「선진」편에 나오는
공자와 자유로운 영혼을 지녔던 제자 증점과의
대화를 모티브로 삼은 그림으로
25현금 소리가 울려퍼지는 가운데
스승과 제자가 서로 둥그렇게 둘러앉아
이야기를 나누는 강학의 장면을 보여주고 있다

그대로 전해지고 있다. 앞쪽으로 남계천이 흐르고, 들판 너머로 백암산이 서원을 마주보고 있다.

서원의 정문에 해당하는 누각에는 '풍영루(風咏樓)'라는 현판이 걸려 있다. '영(咏)'은 '영(詠)'과 같은 글자이므로, 풍영(風咏)은 풍영(風詠)이란 뜻이다. 풍(風)은 앞서 고사에서 보았듯이, 증점이 무우에서 바람을 쐬겠다고 한 의미이고, 영(詠)은 노래를 하며 돌아오겠다고 한 의미이다.

이 풍영루는 남계서원 외에도 몇 군데 더 있다. 양산향교에도 있고, 예천향교에도 있었으며, 백학서원에도 있었고, 경북 상주에도 있었다. 상주에 있던 풍영루는 김종직의 「풍영루중영기」가 전한다.

청도에 있는 자계서원에는 영귀루(詠歸樓)가 있다. '영귀'란 또한 증점이 노래하며 돌아오겠다고 한 의미이므로 풍영루와 통한다. 또한 자계서원은 정여창의 친구인 김일손 선생을 모신 서원이므로 바로 남계서원과 하나로 통한다.

이처럼 우리나라에 풍류를 상징하는 누각이 많은 까닭은 공자의 유학 영향을 받은 탓도 있지만, 단군 이래 풍류정신이 그 자체로 최치원을 비롯해 많은 학자들의 성정을 거치고 유유히 내려오면서 한국 고유의 정신으로 자리 잡

왔기 때문이기도 하다.

풍영루를 지나면 좌우 두 곳에 연꽃을 심어 놓은 연지가 있고, 연지 너머에 애련헌(愛蓮軒)과 영매헌(詠梅軒)이 있다. 애련헌은 연꽃을 사랑하는 집이란 뜻이고, 영매헌은 매화를 읊는 집이란 뜻이다. 옛 군자들이 연꽃과 매화를 유난히 사랑한 데서 붙여진 이름이다.

애련헌과 연결되어 있는 동재에는 양정재(養正齋)라는 이름이 붙어 있고, 영매헌과 연결되어 있는 서재에는 보인재(輔仁齋)라는 이름이 붙어 있다. '양정'이란 바른 마음을 기른다는 뜻이고 '보인'이란 친구끼리 모여 인을 얻기 위한 공부를 함께한다는 뜻이다.

동재와 서재를 지나면 강학 공간이 나오는데 명성당(明誠堂)이라는 이름이 붙어 있다. '명성'이란 『중용』에서 따온 말로 공부를 하여 현명해지면 성실해진다는 뜻이다. 명성당 뒤에는 다른 서원과 마찬가지로 사당이 위치하고 있다.

남계서원을 돌아본 뒤에는 함양에 위치한 정자들을 둘러보면 좋다. 풍류에 흠뻑 취하다 보면, 어느새 세속에서 쌓인 스트레스를 홀홀 털어버릴 수 있다.

풍영루를 들어서면 좌우 양쪽에 연꽃을 심어 놓은 연지가 나온다
연지 뒤 왼쪽 계단이 보이는 건물이 강학 공간인 명성당이다

| 정암 선생 적려 유허비 |

조광조를 기리다

군자 천국의 꿈 꺾인

정암 선생
적려 유허비

관을 두껍게 만들지 말라
먼 길을 가기 어렵다

전남 화순군 능주면 남정리, 화순군청에서 남쪽으로 10킬
로미터쯤 떨어진 곳에 비석 하나가 서 있다. 정암 조광조(靜
菴 趙光祖, 1482~1519) 선생의 적려(謫廬) 유허비(遺墟碑)다.
'적려'란 귀양살이하던 오두막집이란 뜻이고, '유허비'는
기념할 만한 옛 자취에 세운 비를 말한다. 다시 말해 정암
선생이 유배되어 사약을 받고 타계한 것을 기리기 위한 비
석이다.

기묘사화로 능주로 유배된 조광조는 1519년 12월 20일
중종으로부터 사약을 받는다. 사약을 받아든 절체절명의

기묘사화로 유배된 정암 선생이 사약을 받았던
전남 화순군 능주면 남정리에
그를 기리기 위한 '유허비'가 세워져 있다

순간, 그는 "관을 두껍게 만들지 말라. 먼 길을 가기 어렵다"는 유언을 남긴 것으로 전해온다. 죽음 앞에서조차도 초연한 선비의 고결함에 전율이 느껴진다.

그가 사약을 받은 자리라고 전해지는 곳에는 소박한 풍취의 '애우당(愛憂堂)'이 들어서 있다. 정암 선생에 대한 추모 작업이 거행된 것은 그의 사후 149년째 되던 해인 1667년(현종 8), 능주목사 민여로가 주도하여 비를 세우면서부터다. 1986년에 정면 5칸, 측면 2칸으로 된 강당을 지었고, 영정각도 지어 영정을 봉안했다. 유배 생활을 하던 초가도 옛 모습 그대로 복원해놓았다.

우암 송시열(尤庵 宋時烈, 1607~1689)이 짓고 동춘당 송준길(同春堂 宋浚吉, 1606~1672)이 글씨를 썼다는 비문 한 구절이 눈에 들어온다.

"……모두 말하기를 우리나라로 하여금 삼강오륜의 윤리를 알게 하여 이적(되놈)과 금수(짐승)가 되는 것을 면하게 하는 것은 오직 정암 선생의 덕택이라 하여 이곳을 지나는 사람은 누구나 다 엄숙하게 머리 숙여 공경치 아니한 이 없느니라……"

왼쪽 초가는 정암 선생이 유배 생활을 했던 집이고
오른쪽은 영정을 봉안해놓은 영정각이다

이곳은 어느 유적지와는 다르다. 비운이 서린 곳이다. 지상천국 건설의 혼이 뜨겁게 불타오르다 갑자기 꺼져버린 통한의 공간이다.

사람이
사람대접 받는 세상

조선조 500년을 통틀어 최고의 태평성대를 구가했던 시기는 세종대왕이 다스리던 때다. 나라는 태평했고 백성들은 행복했다. 노비도 임신을 하면 출산 휴가를 받던 때였다. 그들은 신분이 노비였을 뿐 하늘이 내린 백성이란 점에서 다른 일반인들과 차이가 없었다. 제대로 사람대접을 받은 것이다.

그러나 세종의 치세는 오래가지 않았다. 어린 단종을 죽이고 보위에 오른 세조로 말미암은 비극과 연산군 때 일어난 사화들로 인해 세상은 지옥의 모습으로 바뀌어버렸다. 이상적인 사회 건설의 꿈은 점점 더 멀어져만 갔다. 하지만 연산군의 학정이 끝나고 중종이 보위에 오르면서, 이 꿈은 조광조의 등장과 함께 다시 타오르기 시작했다.

조광조는 17세에 부친의 임지를 따라 평안도 희천에 머무른다. 그리고 그곳에서 무오사화로 화를 입고 유배 중이던 한훤당 김굉필(寒暄堂 金宏弼, 1454~1504)과 만난다. 조광조는 그로부터 『소학』과 『근사록』 등을 배우며 성리학과 도학정치에 눈을 떴다.

훗날 사림파의 영수로 추앙받은 정암과 한훤당의 이 운명적 만남과 지속된 관계는 비록 '미완의 개혁'으로 멈춰질 수밖에 없었지만, 조선에 끼친 영향은 그야말로 지대했다. 정암 선생은 짧은 일평생을 나라를 천국으로 만드는 일에 앞장섰고, 이를 적극적으로 실천하려 했다.

그는 나라를 천국으로 만드는 일을 '지치(至治)'의 실현으로 표현했다. 지치란 '지극히 잘 다스려진 세상'이란 뜻이다. 『서경』「군진」편에 "잘 다스려진 인간 세계의 향기는 신명(神明)을 감명시킬 수 있다"는 말에서 따왔다.

이 세상이 천국이 되는 것은 세상 사람들이 모두 천사가 될 때 가능하다. 이를 정암의 말로 바꾸어본다면, 사람들이 모두 군자(君子)가 되는 것이었다. 군자가 되기 위해서는 수양이 필요했다. 정암은 이미 군자가 된 사람이 나서서 정치적인 방법을 동원해 사람들을 군자가 되도록 깨우치는 게 효과적이라고 생각했다.

성인과 군자의 세상

조선시대 정치의 양대 축은 임금과 신하다. 지치(至治)를 실현하기 위해서는 임금과 신하가 군자여야 했다. 정암은 이미 군자가 되어 있었으므로 임금이 군자이면 지치의 실현은 가능해진다고 판단했다.

임금은 군자, 그 중에서도 요순시대 임금과 같은 성인(聖人)이어야 한다. 성인이라야 백성들을 군자가 되도록 유도할 수 있다. 성인은 학문을 통해 가능해진다. 왕의 집무실 가까이에 경연(經筵)이라는 일종의 교학과 토론의 공간을 만들어놓고 훌륭한 신하가 왕에게 교육을 해온 전통은 여기서 연유하는 것이다.

정암은 중종이 성인이 될 자질이 충분하다는 것을 알았고, 경연에서 열심히 학문을 닦으면 능히 성인이 되리라 판단했다. 정암은 기뻤다. 이 땅을 이상향으로 만드는 것보다 더 기쁜 일이 없었다. 중종도 그의 뜻을 받아줬다. 정암은 경연에서 임금을 가르치면서, 동시에 이상적인 사회에 저해가 될 만한 것들을 과감하게 개혁해나갔다. 도교의 관서였던 소격서(昭格署)를 철폐했고, 혹세무민하는 이론들을 추방했다.

경연은 왕에게 유학의 경서와 사서를 진강(進講)하고 논의를 받는 학술 제도였다
그림은 명나라 신종의 경연 모습을 담은 「경연진강」(1590)
베이징고궁박물관 소장

음모와 좌절

정암의 이런 열정이 한창 고조되고 있을 때 다른 한쪽에선 검은 음모가 싹튼다. 자신들이 위험에 처할 운명임을 직감한 남곤(南袞)·심정(沈貞)·홍경주(洪景舟) 등이 정암을 제거하기 위한 모략의 덫을 놓기 시작한 것이다. 기묘사화의 불길한 서막이 열리는 시점이었다. 중종 스스로도 거침없는 열정으로 학문 수련에 드라이브를 걸고 있는 정암을 버거워하던 차였다.

남곤 일당은 궁중 동산의 나뭇잎에 꿀로 '주초위왕(走肖爲王)'이라는 네 글자를 써놓고 기다렸다. 벌레는 꿀을 바른 자리를 갉아먹었고, 그러자 써둔 글씨 모양이 드러났다. 그들은 그 잎을 따서 왕에게 보였다.

이를 본 중종은 흔들렸다. '走'와 '肖' 두 글자를 합치면 '조(趙)'가 된다. 말하자면 '주초위왕'은 '조 씨가 왕이 된다'는 의미로 받아들여진 것이다. 정암의 열정과 과격한 언행에 염증과 두려움을 느끼던 중종은 결국 정암을 능주로 귀양 보내고, 한 달 뒤에 사약을 내린다.

이상적인 사회의 건설을 위해 개혁 작업을 추진하다 되레 임금의 의심을 사 사약을 받은 정암은 당시의 심경을 자신의 절명시에 담았다.

> "임금 사랑하기를 어버이 사랑하듯 했고, 나라 걱정하기를 집안 걱정하듯 했다. 이 땅을 비춰주는 저 밝은 태양이 불타는 내 마음을 비춰주는구나."

그의 의기는 여기서 사그라지고 말았다. 신진 사류들이 기득 권력인 훈구파를 몰아내고 새로운 정치·사회 질서를 만들려던 계획은 이렇게 수포로 돌아갔다. 개혁 세력이 정치적 경륜이 짧은 소장파가 대부분이었던 데다, 무엇보다 개혁을 너무 급진적이고 과격하게 추진한 것이 수구 세력의 극심한 반발과 저항을 불러일으켰다.

물론 이후 개혁의 불길은 숨을 죽였지만, 그 불씨가 아주 소멸해버린 것은 아니었다. 정암이 고취시켰던 개혁의 의지는 기회가 있을 때마다 다시 타올랐다. 나라가 위태로워질 땐 구국의 소명으로 다시 되살아나기도 했다. 정암 선생의 개혁은 미완에 그쳤지만, 훗날 그를 기리는 후학들에 의해 그의 정신은 면면이 계승되었다.

정암은 선조 때 신원돼 영의정에 추증되고 문묘에 배향됐다. 능주에는 죽수서원(竹樹書院)이, 용인에는 심곡서원

유허비의 비문은 송시열이 짓고 송준길이 썼다
뒷면에는 유배 내력이 기록돼 있다

(深谷書院)이, 희천에는 양현사(養賢祠)가 세워지는 등, 그의 학문과 인격을 흠모하는 후학들에 의해 서원과 사당이 세워졌다. 이이는 정암을 김굉필·정여창·이언적과 함께 '동방사현(東方四賢)'이라 칭송했다.

수양철학의 대가 이언적

참된 사람 되라 일깨우는 듯

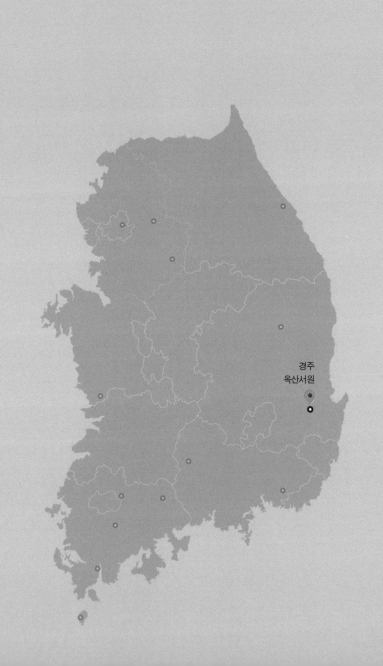

경주
옥산서원

자기 수양의 삶

경주 옥산서원(玉山書院)을 찾아가는 길가엔 봄꽃이 흐드러 졌었다. 만물이 소생하는 절기임을 확연히 느낄 수 있었다.

이 서원은 조선 전기의 큰 선비 회재 이언적(晦齋 李彦迪, 1491~1553) 선생을 모시고 있다. 회재 선생은 외가인 경주부 양좌촌(지금의 양동민속마을)이 출생지였지만, 관직을 모두 내려놓은 말년엔 양동에서 그리 멀지 않은 안강읍 옥산에 터를 잡고 성리학 연구에 매진했다.

회재 선생 사후에 후학과 유림들이 모여 그를 본받고자 만든 것이 바로 옥산서원이다. 서원은 회재가 은거하던 독락당(獨樂堂) 가까이에 지어졌다. 창건된 해가 1573년(선조

옥산서원 2층 다락 건물인 무변루에서 바라본 강학당인 구인당
왼쪽과 오른쪽으로 바라보이는 곳은
각각 암수재와 민구재로, 유생들의 기숙사였다
구인당 전면의 옥산서원 편액은 추사 김정희의 글씨다

6), 이듬해엔 '옥산(玉山)'이라는 사액(賜額)을 받았다. 임진 왜란 때도 화를 면했고, 흥선대원군의 서원 철폐령에도 훼철되지 않아 다행히 옛 모습이 잘 보존된 채 오늘에 이르고 있다.

회재 선생은 한국 성리학을 크게 발전시킨 큰 산맥 같은 분이다. 회재라는 호도 성리학의 체계를 완성한, 송나라 때의 주자의 호인 '회암(晦庵)'에서 따왔다. 거기엔 주자의 학문을 깊이 연마하겠다는 의지가 담겼다.

성리학의 뿌리는 공자의 사상과 닿아 있다. 공자의 사상이 당나라 때 전성기를 누렸던 불교의 사상을 포용하여 새로운 체계로 재탄생한 것이 바로 성리학이다.

회재 선생은 10세에 아버지를 여의고 어머니 손씨 부인 슬하에서 자랐다. 아버지의 부재는 어린 회재를 또래들보다 조숙하게 만들었다. 사춘기도 빨리 찾아와 아버지의 죽음을 접한 이후 '나는 누구인가?', '나는 어디서 왔다가 어디로 가는가?', '산다는 것은 허무할 수밖에 없는가?' 등과 같은 실존적인 질문에 눈을 떴다.

이와 같은 철학적 명제에 직면했던 어린 회재는 외가 살이를 하면서 외삼촌이었던 우재 손중돈(愚齋 孫仲暾, 1464~1529)으로부터 많은 영향을 받는다. 자연스럽게 삶과 죽음에 대한 해답도 외삼촌을 통해 배운 성리학에서 찾게 된다.

12세가 되면서 회재는 외삼촌이 관직 생활을 했던 양산·김해·상주 등지로 따라다니면서 성리학을 배웠고, 그에 몰입했다. 외롭고 불우했던 성장 환경이 진리 추구를 향해 타오르는 그의 의지를 더욱 치열하게 만들었다.

그는 23세에 생원시에 합격하고 이듬해 문과 별시에 급제하여 벼슬길에 나아갔지만, 그의 재능은 정치적 경륜보다 학문에서 더욱 빛났다. 망기당 조한보(忘機堂 曺漢輔)와의 네 차례에 걸친 「무극태극논변(無極太極論辨)」은 조선시대에 활발하게 전개됐던 수많은 철학 논변들의 효시가 되었다.

회재 선생은 41세에 퇴재 김안로(退齋 金安老, 1481~1537)의 재임용에 반대하다가 관직을 박탈당하자 바로 고향 마을 인근에 있는 자옥산 계곡에 독락당을 짓고 은거하면서 자기완성의 수양철학에 매진했다.

유학의 근간은 수기(修己)와 치인(治人)이다. 수기가 완성되면 치인에 나아가되, 치인에 문제가 생기면 바로 수기를 보완한다. 7년 여에 걸친 수기의 과정을 거친 회재는 47세에 조정의 부름을 받고 다시 벼슬길로 나아가 종1품의 의정부 좌찬성에까지 이르렀다. 하지만 을사사화로 인해 낙향했다가 다시 2년 뒤 발생한 양재역 벽서 사건에 연루되

회재 선생은 만년에 관직을 그만두고
고향인 양동 인근 경주시 안강읍 옥산의 한 냇가에
독락당과 계정을 지었다
계정 난간에서 본 계곡의 모습이 한가롭다

어 평안도 강계로 유배됐다.

유배는 회재에게 자기 학문을 집대성할 수 있는 귀중한 기회가 됐다. 그는 6년간의 유배 생활 동안 『대학장구보유(大學章句補遺)』, 『속대학혹문(續大學或問)』, 『중용구경연의(中庸九經衍義)』, 『구인록(求仁錄)』, 『진수팔규(進修八規)』 등 유학사에 길이 남을 저작들을 완성한다. 그리고 그 유배지에서 생을 마감한다.

그의 일생은 진리를 얻기 위한, 철저한 자기 수양의 시간으로 관철되었다. 그의 노력은 그의 저술 면면에 녹아 있다. 그가 퇴계 이황과 함께 한국 수양철학의 거대한 산맥으로 우리 기억 속에 자리 잡고 있는 까닭이 바로 이와 같다.

옥산서원 가는 길

마을에서 옥산서원으로 가기 위해서는 냇물을 건너야 한다. 냇물을 건너는 행위는 속세를 벗어나 진리의 세계로 들어감을 의미한다. 따라서 냇물은 일종의 경계와 같다.

냇물을 건너면 서원의 정문인 역락문(亦樂門)이 가장 먼저 나를 맞는다. '역락'이란 『논어』에 나오는 말이다. 공자

역락의 문
군자가 되어
진리의 세계로 들어가는 길은
즐겁고 또 즐겁다

무변루

는 이 세상에서 가장 기쁜 일은 부귀영화를 얻는 것도, 고관대작이 되는 것도 아니라, 학문을 통해 군자가 되는 길이라고 했다. 그 기쁜 길을 여럿이 모여 함께 가면 더욱 즐겁다. 그 즐거운 마음이 바로 역락이다. 진리의 세계로 들어가는 것보다 더 즐거운 것이 또 있겠는가 말이다.

역락문을 들어서면 무변루(無邊樓)라는 누각이 보인다. 현판 옆에 있는 「옥산서원기」에는 이것이 "처음엔 납청루(納淸樓)라고 불렀다"고 적혀 있다. '납청'이란 맑은 기운을 받아들인다는 뜻이다.

사람의 기운은 우주의 기운과 하나로 통해 있다. 우주의 기운으로 존재하는 사람은 그 자체로 그냥 우주다. 그것은 뚜껑이 없는 물통이 바닷물 속에 들어 있는 것과 같다. 물통 속의 물과 물통 밖의 물이 하나이기 때문에, 물통은 바다 전체와 하나인 이치다.

그러나 물통이 자기 것을 지키기 위해 뚜껑을 닫아버리면 바닷물과 물통 속의 물은 격리된다. 사람도 그렇다. 사람에게 욕심이 있으면 자기 것을 지키기 위해 다른 것으로부터 자기를 차단한다. 뚜껑이 닫힌 물통 속의 물이 돼버린다. 닫힌 물이 썩기 마련인 것처럼, 우주의 기운과 단절된 사람은 기운이 고갈되어 병이 든다.

납청을 하여 우주의 맑은 기운을 들여오면 나는 다시 우주와 하나가 돼 한계가 없어진다. 그렇게 되는 것이 '무변'이다. 그러니 납청루와 무변루는 하나로 통한다.

무변루를 통과하면 좌우로 학생들의 기숙사가 보인다. 왼쪽에 있는 기숙사에는 암수재(闇修齋)라는 현판이 걸려 있고, 오른쪽에 있는 기숙사에는 민구재(敏求齋)라는 현판이 걸려 있다.

'암수'란 남몰래 묵묵히 수양을 한다는 뜻이고 '민구'란 민첩하게 진리를 구한다는 뜻이다. 특히 민구란 『논어』의 "나는 나면서부터 알았던 사람이 아니다. 옛것을 좋아하여 부지런히 그것을 구한 사람이다[子曰我非生而知之者 好古 敏以求之者也]"라고 한 구절에서 따온 것이다.

공자는 자기가 원래부터 성인이 아니라 열심히 옛 진리를 구하여 그것을 얻은 사람이라고 스스로 밝혔다. 공자의 의도는 사람들을 모두 자기와 같은 사람이 되도록 독려하기 위해서였을 것이다. 그리고 진리의 세계로 들어가기 위해 학문에 매진하라는 의미였을 것이다.

추사 김정희가 쓴 옥사서원 현판과
석봉 한호가 쓴 구인당 편액을
한 프레임에 담았다

인을 구하다

기숙사 건너편 강당엔 옥산서원 현판이 걸려 있다. 한눈에 추사 김정희(秋史 金正喜, 1786~1856) 선생의 글씨임을 알아볼 수 있다. 사대부의 강직한 기개가 돋보이는, 힘차고 정갈한 해서체가 봄볕에 눈부시다. 그 안쪽에 구인당(求仁堂)이란 현판이 또 걸려 있는데, '구인'이란 회재 선생이 추구했던 세계의 요체다.

> "인(仁)을 구한 사람은 하늘 같은 사람이고 우주 같은 사람이다. 인을 구한 사람은 가난해도 행복하고 몸이 죽어도 행복하다. 부처님은 가진 재산도 없었고 벼슬도 없었지만 불행하지 않았다. 인을 얻으면 부처님처럼 되는 것이다."

학문하는 목적을 성인이 되려는 데 두었던 회재 선생의 가르침이 들리는 듯하다.

구인당 뒤에는 체인문(體仁門)이 있고, 체인문 안에는 체인묘(體仁廟)라는 현판이 걸려 있는 사당과 전사청이 있다. '체인'이란 인을 몸으로 체득하여 인의 마음이 몸 밖으로 배어나오는 상태를 말한다.

옥산서원의 부속 건축물들은 정문에서부터 강당·사당 등이 일직선을 이루고, 가운데 마당을 중심으로 각자의 영역을 만드는 기하학적인 구성을 하고 있다. 이와 함께 주변 경관과 어울려 자연스런 아름다움까지 선사한다.

옥산서원 곳곳을 하나하나 음미하는 사이 문득 깨닫게 된다. 옥산서원이 바로 군자가 되는 '동굴'이라는 것을. 햇빛을 보지 않고 마늘과 쑥을 먹으며 사람의 마음을 찾아갔던 웅녀 설화에 등장하는 그 동굴 말이다.

작은 이익에 급급해 아웅다웅 쫓기며 살아가는 현대인들에게 이 서원은 '더 이상 짐승처럼 살지 말고 인간 본래의 한마음을 찾아 참된 사람으로 살아가라'고 가르치고 있었다.

| 김해 산해정 |

유학과 노장철학을 융합한 조식

의병의 정신적 지주 되다

김해 산해정

초탈원융철학의 대가

남명 조식(南冥 曺植, 1501~1572) 선생은 우리나라 풍류의 큰 산맥을 이룬 대학자다.

우리 사상에는 크게 세 줄기의 흐름이 있다. 하늘 같은 자기 본연의 모습을 회복하기 위해 철저히 수양에 몰두하는 수양철학의 흐름, 이 세상을 지상천국으로 만들기 위해 적극적으로 정치에 참여하는 정치적 실천철학의 흐름, 하늘 같은 높은 차원에서 모든 것을 아우르며 초연하게 살아가는 초탈원융철학의 흐름이 그것이다.

이 세 흐름은 고려 말 이색이라는 '거대한 호수'로 흘러들어가 하나로 합류되었다가 조선시대에 다시 각자의 흐

산해정은 '태산에서 바다를 바라다 본다'는 뜻으로 지은 이름이다
사진은 산해정의 제향 공간인 숭도사에서 내려다 본 모습으로
멀리 부산 구포 시내가 보인다
예전에는 산해정 앞이 바다였다고 한다

름으로 나뉘어 흐른다. 각각 이 세 흐름의 최고봉을 이룬 대표적인 선비들은 공교롭게도 16세기에 동시에 출현한다. 수양철학의 최고봉은 퇴계 이황, 정치적 실천철학의 최고봉은 율곡 이이, 초탈원융철학의 최고봉은 남명 조식이었다.

앞서 언급했듯이, 한국 사상의 핵심은 '천인무간(天人無間)'이다. 하늘과 사람 간에 사이가 없이 하나로 연결되어 있다고 보는 이 사상은 훗날 천도교의 핵심 교리인 '인내천(人乃天)' 사상으로 이어진다. 하늘은 자연과 인간 사회를 포함하는 전체로서, 인간의 모든 요소를 포괄하면서 동시에 초월한다.

이 천인무간의 사상을 전제하는 한국 성리학은 하늘에 그 비중이 주어질 경우, 세속을 초월하면서 동시에 유학·노장철학·불교 등을 아우르는 초탈원융철학의 성격을 띠고 나타난다. 이러한 철학의 흐름을 이어받는 사상가들은 세속 정치에 초연하고 유(儒)·불(佛)·선(仙)을 융합한다. 알다시피 유학과 불교를 융합한 대표자가 매월당 김시습이었고, 유학과 노장철학을 융합한 대표자는 화담 서경덕과 남명 조식이었다.

각성

남명 선생은 1501년 경상남도 합천군 삼가면에서 태어났다. 공교롭게도 퇴계와 같은 해에 태어나 같은 시대를 살았다.

5세에 부모를 따라 한양으로 이주했고, 이후 줄곧 거기서 자랐다. 어린 시절 남명은 자신에 대해 이렇게 술회했다.

"사람에 대해서만 가볍게 여길 뿐만 아니라 세상 자체를 가볍게 여겼다. 부귀, 영화, 재물, 이로운 것 등을 보더라도 무시하기를 풀이나 진흙처럼 생각했다. 그리하여 늘 세상의 일을 잊어버릴 생각을 하고 있었다."

마치 그는 세상사에 초탈하려는 기질을 타고난 것으로도 보인다.

남명은 18세에 노장철학자인 대곡 성운(大谷 成運, 1497~1579)과 이웃하면서 노장철학에 심취한다. 노장철학에 심취할수록 세속적인 일에 관심을 가지기 어려웠다. 그러니 과거 시험 같은 것은 안중에도 없었다. 어머니의 권유를 뿌리칠 수 없어 마지못해 과거에 응시했지만 고배를 마셨다.

하지만 과거에 도전하게 된 게 그의 인생을 바꿔놓았다. 시험 대비를 위해『성리대전(性理大典)』을 읽던 도중 종교적인 체험을 하게 된 것이다. 남명은 이 책을 통해 세상의 본질과 현상, 그리고 인간의 본질을 탐구하는 학문인 성리학의 핵심과 원리를 깨닫게 된다.

세상 만물은 '이(理)'와 '기(氣)'로 구성되어 있다. 이는 시간과 공간을 초월하는 본질이고, 기는 시간과 공간에 의해 제한되는 물질적 존재이다. 사람을 구성하는 두 요소는 마음과 몸이다. 즉, 마음의 본질이 이고 몸은 기다. 사람이 태어나고 늙고 병들어 죽는 것은 몸에 갇혀 있기 때문이다. 만약 마음의 본질을 회복한다면 영원하고 무한한 존재로 바뀐다.

성리학의 세계를 접한 남명은 아찔한 충격을 받는다. 그는 훗날 이때의 경험을 술회하며 기록으로 남긴다.

"문득 아찔할 정도로 충격을 받았다. 부끄럽고 위축되어 정신이 아득하였다. 배움의 내용이 성리학 이상 가는 것이 없다는 사실을 깨달았다. 하마터면 한평생을 그르칠 뻔했다. 그전에는 윤리와 도덕이나 인간의 일상생활이 모두 영원하고 무한한 진리가 표현된 모습이라는 것을 알지 못하고, 그를 소홀히 하였기 때문이다. 이제는 오로지 학문에 전념하여 점차 그 본령에 도달하게 되었다. 그 기쁨은 마치 어린아이가 길을 잃고 헤매다가 어느 날 홀연히 인자한 어머니의 얼굴을 발견하고 좋아서 어쩔 줄 모르는 것과 같았다."

남명은 구도자가 되었다. 학문의 길은 구도의 길이 되었다. 30세쯤이 되었을 때 학문이 거의 완성 단계에 접어들었을 정도였다. 큰 깨달음을 얻은 남명은 처가가 있는 김해로 내려갈 결심을 했다.

『장자』에는 붕(鵬)이라는 새가 구만리 상공으로 날아올라 남쪽 바다로 날아가는 이야기가 나온다. 거기서 남쪽 바다를 '남명(南冥)'이라 했다. 선생의 호인 남명은 여기서 비롯된 것이다.

구만리 상공으로 날아오른 붕처럼 세상을 초탈한 상태로 남쪽 바다가 있는 김해로 날아간 남명은 그곳에 정자를 짓고 산해정(山海亭)이라 이름을 붙였다. 산해정은 태산에서 바다를 내려다본다는 뜻이다.

산해정 가는 길

산해정은 경남 김해시 대동면 대동로 269번 안길에 위치하고 있다. 정면 5칸, 측면 2칸에 팔작지붕이 덮여 있다. 옛 모습은 소실됐으나 몇 차례의 우여곡절 끝에 중건돼 오늘에 이른다.

조선 선조 21년(1588)에 김해부사 양사준이 향인들의 청을 듣고 정자의 동쪽에 서원을 짓다가, 임진왜란으로 중지된 것을 광해군 원년(1609)에 안희·허경윤 등이 준공하여 신산서원(新山書院)이란 사액을 받았다. 이후 대원군 때 훼철되었다가 순조 20년(1820)에 송윤중 등이 다시 중건했다.

산해정을 품은 주위의 산세는 수려하다. 정자엔 신산서원이라는 현판이 걸려 있고, 마루 뒤편에 산해정이란 현판이 걸려 있다. 산해정은 신산의 품에 아늑하게 안겨 있다. 산해정 마루에서 바라본 전망 또한 일품이다.

인근 주민의 말에 의하면, 예전에는 산해정 앞이 바다였다고 한다. 풍수적으로 왼쪽에 솟아 있는 좌청룡에 해당하는 산은 까치산, 오른쪽에 솟아 있는 우백호에 해당하는 산은 돛대산이다. 까치산과 돛대산이 마주보고 있는 모습 또한 정겹다.

산해정은 풍수지리학적으로
천하길지에 자리하고 있어 아늑한 모습이다

산해정을 찾은 길에 때마침 풍수지리학회 회원들과 조우했다. 그들의 설명에 따르자면, 산해정 뒤의 신산은 복호(伏虎), 즉 호랑이가 엎드려 있는 형국이다. 산해정이 산의 정중앙에 위치하지 않고 산의 오른쪽으로 치우쳐 있는 듯이 보이는 이유를 물었더니, "산이 오른쪽으로 비스듬히 흘러내렸기 때문에 그쪽에 집을 앉히는 것이 산의 맥과 통하기 때문"이라고 설명했다.

내려오는 길에 동네 어귀에서 다시 한 번 멀찍이 산해정을 바라보았다. 과연 그 장소가 신산에 포근히 안겨 편안한 곳임을 한눈에 알아볼 수 있었다. 좋은 장소에 있으면 절로 기분이 좋아진다. 그리고 오래 머물러 싶어진다. 산해정이 바로 그런 곳이었다.

세상사에 초연함은
삶의 의기를 만들어내고

남명 선생은 이곳에서 18년간 강학을 했다. 이후엔 다시 고향 합천으로 돌아가 계복당(鷄伏堂)과 뇌룡정(雷龍亭)을 지어 후진 양성에 전념했다.

산해정 전면에는 신산서원이라는 현판이 걸려 있고
그 마루 뒤편으로 산해정 현판이 걸려 있다

합천에서 12년간 많은 제자를 길러낸 그는 61세가 되던 해 지리산 아래 산 좋고 물 좋은 곳을 찾아 산천재(山天齋)란 이름의 정사를 짓고 이주했다. 풍류의 삶이 본격적으로 시작되는 시기였다. 산해정에서의 삶이 수양과 강학으로 일관된 삶이었다면, 합천에서의 삶은 교육에 전념한 삶이었고, 산천재에서의 삶은 초탈원융철학으로 소요한 삶이었다.

남명 선생의 일생은 세상사에 초연한 삶으로 일관했다. 죽음 앞에서도 흔들림이 없었다. 명종 10년(1555) 그에게 단성현(경남 산청)의 현감이란 벼슬이 내려졌다. 그의 나이 55세 때다.

하지만 남명은 벼슬을 내리는 임금을 향해 단성현감을 사직하며 상소문을 썼다. 이 상소는 조정의 신하들에 대한 준엄한 비판과 함께 국왕 명종과 대비 문정왕후에 대한 직선적인 표현으로 큰 파문을 일으켰다. 당시 조정을 뒤흔들어놨던 상소문의 한 구절은 간담을 서늘케 한다.

"대비(문정왕후)는 외부와 두절되어 있으니 깊은 궁궐 속의 한 과부에 지나지 않으며, 전하는 어리니 단지 선왕의 고아일 뿐입니다. 이 수많은 천재와 천 갈래 만 갈래로 갈라진 민심을 무엇으로 감당하고 무엇으로 수습하겠습니까? ……임금으로서의 원칙을 세우십시오. 임금에게 원칙이 없으면 나라가 나라답지 못하게 됩니다."

초개같이 목숨을 버릴 수 있는 사람이 아니라면 이런 상소문을 쓸 수 없다. 당시 사관과 경연관들의 적극적인 만류가 없었다면, 아마 그는 극형을 면키 어려웠을 것이다.

이러한 기상은 그의 문인과 제자들에게 그대로 이어졌다. 임진왜란과 구한말, 그의 기상을 이어받은 선비들이 의병을 일으켜 기꺼이 목숨을 바쳤다. 우리에게 '홍의장군'으로 잘 알려진 임진왜란 때의 의병장 곽재우(郭再祐, 1552~1617)가 그의 외손녀 사위다. 그의 의기는 지금도 면면히 이어져 내려오고 있다.

| 담양 소쇄원 |

소쇄옹이 지은 정원에
천국의 꿈 입힌 김인후

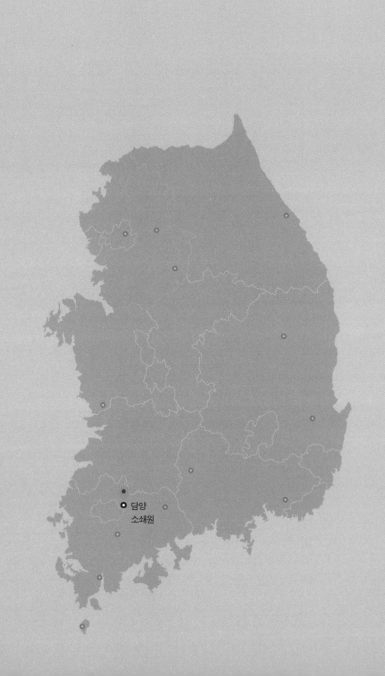

담양
소쇄원

좌절된 꿈

소쇄원(瀟灑園)은 전남 담양에 있다. 1983년에 사적 제304호로 지정되었다가 2008년에 명승 제40호로 변경되었다.

기묘사화로 인해 조광조의 개혁이 무산되자 충격을 받은 그의 제자 소쇄옹 양산보(瀟灑翁 梁山甫, 1503~1557)는 벼슬길을 등지고 낙향하여 이 정원을 짓는다. 소쇄원이 특별한 까닭은 조광조의 좌절된 꿈을 소생시키려는 하서 김인후(河西 金麟厚, 1510~1560)의 바람이 이곳에 투영돼 있기 때문이다.

하서는 인종의 스승이었다. 세자 시절부터 인종을 가르쳤다. 하서는 인종이 성군이 되기에 손색이 없을 정도로 훌

소쇄원 입구에 들어서면
울창한 대나무 숲이 길손을 반겨준다

(포토 © 송창근)

륭한 자질과 인품을 갖췄다고 봤다. 인종을 잘 보좌한다면 조광조가 이루지 못했던 이상적인 사회 건설의 꿈을 실현할 수 있으리라 판단했다.

그러나 늘 그의 머릿속을 떠나지 않는 걱정이 있었다. 어린 나이로 즉위한 인종이 독살되지 않을까 하는 두려움이었다. 불행하게도 이 불길한 예감은 적중했다. 인종은 재위 1년을 채우지도 못한 채 세상을 뜨고 말았다(일설에는 그의 계모인 문정왕후에 의해 독살됐다는 이야기가 있다).

하서에게 이는 하늘이 무너지는 아픔이었고, 꿈을 접어야 하는 좌절이었다. 그는 고향 장성으로 내려가 슬픔의 나날을 보냈다. 해마다 인종의 기일이 되면 난산에 올라가 북쪽을 향해 통곡했다. 그러면서 하서는 생각했다. '좁은 공간에라도 지상 천국을 건설하자. 그러면 그것이 불씨가 되어 온 세상에 천국이 찾아오겠지……'

친구이자 사돈인 양산보가 지은 소쇄원을 보고 나선 그 생각이 더 확고해졌다. 소쇄원에 '천국의 옷'을 입히자고 생각했다. 지금의 소쇄원은 이렇게 탄생했다. 맑을 소(瀟), 깨끗할 쇄(灑), 동산 원(園). 인품이 맑고 깨끗하여 속기(俗氣)가 없는 사람들이 사는 동산이란 뜻이다. 말하자면 천사들이 사는 천국이란 뜻이다.

소쇄원에 들다

소쇄원으로 들어가는 길은 대나무 숲이다. 하늘을 향해 쭉쭉 뻗어 있는 대나무 숲을 거닐면 세파에 시달렸던 마음도 쭉쭉 펴진다.

대나무 숲을 지나면 정자가 나온다. 그곳에 대봉대(待鳳臺)라 쓰인 현판이 걸려 있다. 봉황을 기다리는 집이란 의미다. 두인도 없고 낙관도 없다. 누가 썼는지 알 수가 없다.

현판을 보면 사람들은 누구의 글씨인지, 얼마나 값이 나가는 작가의 글씨인지 궁금해진다. 그러나 그런 것은 세속의 관심사일 뿐 천국에선 의미가 없다. 천국에 사는 사람들은 그런 것을 따지지 않는다. 누가 썼더라도 모두 천국의 사람이 쓴 글씨이기 때문이다. 고려자기에도 작가의 이름이 없고 조선의 백자에도 작가의 이름이 없다. 그런 것이 중요하지 않기 때문이다.

세속이 천국과 구분되는 것은 차별 때문이다. 장미꽃은 값이 비싸고 비싼 만큼 아름답지만 오랑캐꽃은 값을 쳐주지 않는다. 따라서 오랑캐꽃은 아름답다고 칭송받지 못한다. 천국에서는 그렇지 않다. 장미꽃과 마찬가지로 오랑캐꽃 한 송이를 피우기 위해 햇볕이 내리쬤고 비도 내렸다. 사

대봉대

계절이 순환했고 소쩍새도 울었다. 온 우주가 동원되어 겨우 오랑캐꽃 한 송이를 피운 것이다. 오랑캐꽃 한 송이는 세속에선 천하게 여겨지지만, 천국에선 우주의 주인공 대접을 받는다.

사람도 마찬가지다. 천국에서 사람은 우주의 주인공이다. 그렇기 때문에 고고한 봉황과 통한다. 설사 속세에선 아무도 알아주지 않는다 해도 천국에선 우주의 주인공이란 본래의 모습으로 대접받는다. 대봉대는 우주의 주인공으로 부활한 사람을 맞이한다는 뜻이다. 대봉대에 이르러 우리는 비로소 주인공으로 부활한다.

주인공으로 부활한 사람들에게 소쇄원의 주인은 안내자를 보낸다. 바로 담장이다. 담장이란 들어오지 말라고 만드는 것이지만, 소쇄원의 담장은 사람들을 안내하기 위해서 만들어졌다. "이리로 들어오시라"고 담장이 손짓한다.

소쇄원 담장에 애양단(愛陽壇)이란 글자가 보인다. 햇빛을 사랑하는 단이란 뜻이다. 험한 세상 찬바람 맞으며 살아온 속세의 사람들에게 어머니 품 같은 포근한 쉼터이자 바람막이 역할을 해주겠다는 뜻이 서려 있다. 그 앞에 서니 온몸을 꽉 안아주시던 그 따뜻한 어머니 품 같은 정겨움과 푸근함이 느껴져 발걸음을 뗄 수가 없다.

소쇄원 담장 애양단(포토 © 송창근)과 오곡문이 있었던 자리

오곡문 아래로 개울물이 흐르고 있다

애양단을 지나자 오곡문(五曲門)이 나온다. 예전에는 담장 밖으로 오가는 문이 있었지만, 지금은 없어지고 흔적만 남아 있다.

오곡문 아래로 개울물이 흐른다. 하서는 이 개울을 건너야 완전한 천국에 이른다고 했다. 마치 불교에서 사바세계에서 극락세계로 넘어가기 위해 물을 건너야 하는 것과 같은 이치다.

하서는 "천국은 하늘 위에 올라가야 도달할 수 있는 곳이 아니다. 욕심에 눈먼 사람들이 훼손하지 않으면 그대로 천국이다"라고 했다. 그런 사상을 구현해놓은 곳이 바로 소쇄원이다. 언덕을 깎지도 인공적으로 물길을 내지도 않았다. 태고의 모습을 그대로 보존하고 있다.

언덕 아래로 물이 흐르고 하늘엔 구름이 흘러가고 바람 소리 청량하다. 비 갠 하늘에 밝은 달이 떠오른다. 이런 정취를 어디서 감상할 것인가. 바로 제월당(霽月堂)이다. '비 갠(霽)' 하늘에 떠오르는 달 같은 집이자, 그 달을 바라보는 집이기도 하다. 제월당은 주인이 머물고 있는 집이다. 제월당에 이르러 비로소 천국의 주인을 만날 수 있다.

비 갠 하늘에 떠오르는 달을 바라볼 수 있는 제월당

천국의 시

하서는 천국의 모습을 마흔여덟 수의 시로 묘사했다. 그 설명은 제월당의 현판으로 둘러쳐져 있다. 첫 번째 시는 이렇게 시작된다.

> 소쇄원 안에 있는 모든 경치는
> 하늘이 빚어 만든 천국의 모습
> 보기만 해도 시원하고 흐뭇해지네
> 천상의 소리 아롱아롱 귀에 들리고

이어 천국의 주인이 손님을 안내하는 곳은 개울가에 있는 광풍각(光風閣)이다. 맑은 날 불어오는 시원한 바람 같은 집이고, 그런 바람을 맞이하는 집이기도 하다.

광풍제월(光風霽月)은 북송시대의 시인이자 서예가인 황정견(黃庭堅, 1045~1105)이 주돈이(周敦頤, 1017~1073)의 인품을 "맑은 날 불어오는 시원한 바람 같고, 비 갠 뒤에 떠오르는 밝은 달 같다"고 표현한 데서 따온 말이다.

제월당에서 보면 광풍각이 보인다. 제월당과 광풍각은 통해 있다. 그러나 제월당과 광풍각 사이는 서로 통해 있다

소쇄원 광풍각
앞으론 개울이 흐르고
오른쪽엔 입구에서부터 이어진
대나무 숲이 자리하고 있다

는 것만 확인하고는 나머지를 담으로 막아 놓았다. 담은 보이지 않도록 가리는 것이다. 사람은 서로 통해 있어도 가리고 싶은 부분이 있다. 때로는 웃옷을 벗어 던진 채 바람을 쐬고 싶기도 하고, 벌러덩 드러누운 채 잠을 청해보고도 싶다. 제월당의 주인은 그런 손님의 마음까지 헤아린 것이다. 그래서 낮은 담을 쳤다.

광풍각에는 사방에 마루가 있고 속에 온돌방이 있다. 마루에 앉아 있다가 추워지면 언제라도 들어와 몸을 데우라는 뜻이다. 광풍각에까지 이르면 천국 체험이 최고조로 무르익는다. 소쇄원에서의 천국 체험은 세상을 천국으로 바꾸는 체험이다.

천국을 체험하고 난 뒤에 들어온 길을 따라 소쇄원을 나오는 것은 다시 속세로 돌아가는 것일까? 하서는 그 길은 속세가 아니라 천국이라고 했다. 그땐 이미 속세가 천국으로 바뀌어 있기 때문이다. 하서의 꿈은 이렇게 이루어졌다.

제월당과 광풍각 사이의 담

한국의 대표 정신

퇴계 이황을 모시다

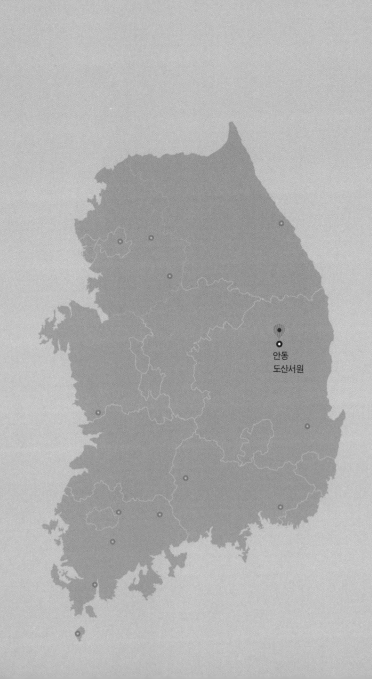

안동
도산서원

한국인의 정신

한국의 '정신'이 무엇이냐 질문을 받을 때마다 필자는 퇴계 이황(退溪 李滉, 1501~1570) 선생을 먼저 꼽는다. 선생은 이른 바 한국이 낳은 성인(聖人)이다.

성인은 혼자서 나타나지 않는다. 제 역할을 하는 조력자와 반드시 함께 등장한다. 공자에게는 맹자를 위시한 72제자가 있었고, 석가모니에게는 가섭과 아난존자가 있었다.

소크라테스에게는 플라톤이 있었고, 예수에게는 열두 제자가 있었다. 그러나 퇴계의 후학들은 선생을 성인의 반열에 드러내지 못했다. 말하자면 훌륭한 조력자가 되지 못했던 것이다.

도산서원 전경
정면에 보이는 건물이
학문을 연마하던 도산서당이다

이는 한국인에게 있는 특이한 정서에서 기인한다. 한국인들은 타인의 위대한 점을 발견하고 받들기보다는 비판하고 끌어내리려는 습성이 있다. 이러한 습성은 한국인이 한국인을 평가할 때 더욱 비정하고 엄격해진다. 왜 그런가?

이는 한국인의 성정에 깃들어 있는 인내천(人乃天) 사상과 관련이 있다. 사람이 하늘이라는 이 사상이 자칫 부정적으로 흐를 경우, 자신만이 하늘이라는 착각과 오만에 빠지기 쉽다. 어떤 외부의 권위에 기대어 건강한 내부를 끌어내리는 경향도 이와 다르지 않다. 조선시대의 학자들이 퇴계를 주자의 권위 안에 가두어버린 것도, 오늘날의 학자들이 정확한 이해도 없이 서구 철학자의 권위를 빌려 비판의 날을 세우는 것도 이 때문이다.

하지만 이젠 이런 퇴영적인 자세에서 벗어나야 한다. 우리의 단점을 반성하고 겸허한 자세로 우리 자신을 들여다봐야 한다.

한국인의 한국인 들여다보기는 옛 선비들에서부터 시작하는 것이 효과적이다. 필자가 도산서원을 자주 찾는 까닭이 여기에 있다.

도산서원 가는 길

도산서원은 경상북도 안동시 도산면 토계리에 있다. 퇴계 선생이 세상을 등진 뒤 4년째 되던 1574년(선조 7)에 문인과 유림들이 건립했다. 서원의 앞쪽에 선생이 생전에 운영하던 도산서당이 그대로 남아 있다.

서원으로 가는 원래의 진입로는 안동댐 건설 공사 때 수몰됐다. 소나무 숲 사이로 나 있어서 매우 운치가 있었다고 전해지지만, 지금은 그 흔적을 찾아볼 수 없다. 지금의 진입로도 그대로 아늑하다. 왼편에 쌓아놓은 축대는 퇴계를 흠모하는 사람이 쌓은 것이리라. 무너지거나 수리한 흔적도 없이 그저 아름다울 뿐이다.

서원에 거의 다다를 즈음에 '추로지향(鄒魯之鄕)'이라는 비석 하나가 오롯이 서 있다. 공자의 77대 종손인 공덕성(孔德成) 씨가 도산서원에 들렀을 때 이 글을 썼다고 한다. 추로지향이란 맹자의 나라인 추나라와 공자의 나라인 노나라 같은 곳이란 뜻이다. 퇴계가 바로 공자와 맹자 같은 인물임을 시사한다. 공자를 앞세운다면 노추라고 해야 할 것을 추로라고 한 것은 발음하기가 부드럽기 때문이지 다른 뜻은 없다.

강세황이 그린 「도산서원도」
보물 제552호
국립중앙박물관 소장

서원의 맞은편
강 건너 석축 위에 서 있는
시사단

추로지향의 비석을 지나면 바로 도산서원 앞마당에 도착한다. 마음이 편안해진다. 마치 고향집 마당에 들어설 때 그 아늑함이 느껴진다.

마당에서 앞을 내다보니 강 한가운데 시사단(試士壇)이 보인다. 1792년(정조 16)에 정조가 퇴계를 추모하여 서원 앞 송림에서 인재들을 모아 과거 시험을 보게 했는데, 이를 기념하기 위해 1796년에 단을 모으고 비와 비각을 세웠다. 1975년 안동댐이 건설돼 송림이 잠기면서 10미터 높이의 축대를 쌓아올린 뒤 원형 그대로 옮겨 지었다.

도산서원은 서당과 서원으로 구성되어 있다. 도산서당은 퇴계가 제자들을 가르치며 학문을 연마하던 곳이다. 대학자 퇴계를 떠올리며 도산서당을 봤다면 다소 실망스러울 수 있다. 맞배지붕을 올린 세 칸짜리 본체에 한 칸 반짜리 가적지붕을 덧붙인 게 전부인 소박한 규모다.

아마 중국 산둥성 취푸(曲阜)에 있는 공묘(孔廟)에라도 다녀온 사람들이라면, 그에 비해 퇴계 선생이 지은 거처가 어찌 이리도 초라한지 의아해할 지도 모르겠다. 하지만 이는 오해다. 공자도 초라한 집에 살았다. 공묘가 커진 것은 단지 공자 사후에 그 후학들과 왕들이 많은 돈을 들여 묘역을 새로 조성했을 뿐이기 때문이다.

퇴계의 인품에 대한 평가 중 으뜸은 겸양이었다. 물론 공자 역시 그러했었다. 공자의 제자인 자공이 스승을 평하길 "온량공검양(溫良恭儉讓)"이라 했다. 따뜻하고, 어질고, 공손하고, 검소하고, 겸양하는 사람이란 뜻인데, 놀랍게도 이는 퇴계의 인품과 한 치 어긋남도 없이 일치한다.

공자가 삶의 목표를 수기(修己)에 두었듯이 퇴계 역시 수기를 중시했다. 수기가 목적인 사람은 힘자랑을 하지 않기 때문에 큰 것을 선호하지 않는다. 도산서당의 규모가 작은 이유는 이와 통한다.

학생들의 기숙사인 농운정사도 규모가 크지 않기는 마찬가지다. 다만 학생들에게 열심히 공부하라는 의미에서 지붕을 '공(工)'이라는 글자 형태로 지었다.

농운정사에 있는 두 방에는 시습재(時習齋)와 관란헌(觀瀾軒)이라는 현판이 걸려 있다. '시습재'란 논어의 학이시습(學而時習)에서 따온 말로, 학문에 매진하라는 의미다.

'관란헌'은 물결을 보는 집이라는 뜻이다. 물결은 물의 깊이에 따라 다르기 때문에, 물결을 보면 그 깊이를 알 수 있다. 사람의 말을 듣는 것도 그렇다. 사람의 말을 들을 때에는 그 사람의 깊은 마음을 헤아릴 수 있어야 한다. '관란'에는 바로 이런 가르침이 녹아 있다.

농운정사는 제자들의 기숙사로
서당의 서쪽에 위치한다
퇴계 선생이 직접 기본 설계를 하고
승려였던 법련(法蓮)과 정일(淨一)을
임명하여 건립하였다고 한다.

농운정사 앞쪽에 위치한 역락서재(亦樂書齋)는 제자였던 지헌 정사성(芝軒 鄭士誠, 1545~1607)의 부모가 지어서 선물한 것이라 한다. '역락'이란 문구 역시 『논어』에서 따온 말이다. 멀리 있는 벗들까지 함께 와서 공부하는 즐거움이란 의미로, 이로써 학문의 즐거움을 배양하려는 흔적이 서원 곳곳에 배어 있음을 알 수 있다.

도산서당을 지나 더 올라가면 양쪽으로 책을 보관하는 서고인 동·서 광명실(光明室)이 있고, 이를 지나면 진도문(進道門)에 이른다. '도(道)'에 나아간다는 이 문을 들어서니 강당인 전교당(典敎堂)이 자리하고 있다. 강당 정면에 보이는 '도산서원(陶山書院)' 현판은 선조의 명을 받아 쓴 석봉 한호(石峯 韓濩, 1543~1605)의 글씨다.

그 양쪽으로는 유생들의 기숙사인 동재와 서재가 있다. 동재에는 박약재(博約齋)라는 현판이, 서재에는 홍의재(弘毅齋)란 현판이 걸려 있다. 모두 『논어』에서 따온 것인데, 열심히 학문에 정진한다는 뜻이다.

전교당에서 북동쪽으로 퇴계와 그 제자인 월천 조목(月川 趙穆, 1524~1606)을 모신 사당이 자리 잡고 있다. 상덕사(尙德祠)라는 현판이 붙어 있다.

전교당

진도문 안 정면에 위치하여

도산서원의 중심이 되는 건물이다

보물 210호로 지정되었다

전교당에 걸린 도산서원 현판

마음의 학문

퇴계학은 흔히 심학(心學)이라 불린다. 마음을 다스리는 학문이란 의미다. 사람의 마음을 연구하고 연마하는 일은 옛 성인이나 대 학자들의 공통된 관심사였다.

요 임금은 사람의 마음을 도심(道心)과 인심(仁心)으로 설명했고, 공자는 사람의 본마음인 인(仁)을 하늘의 마음과 같은 것으로 설명하여 사람과 하늘을 연결시켰다. 맹자는 사람의 마음을 인의예지(仁義禮智)라 하여 더욱 자세하게 설명했고, 주자는 사람의 마음을 우주의 본질인 이(理)와 연결시켜 만물일체(萬物一體) 사상을 확립했다.

반면 악(惡)이 생겨나는 원인이 무엇인지에 대한 설명은 여전히 미흡한 채로 남아 있었다. 그러던 것이 퇴계에 이르러 사람의 마음이 완전하게 설명되었다.

물질주의 시대를 사는 오늘의 현대인들은 마음이 얼어붙을 대로 얼어붙어 본마음을 많이 상실하였다. 서로가 서로에게 상처를 입히고 다치고 베이고 아파하고 갈등한다. 그러니 본마음으로 돌아가는 것이야말로 인간의 본성을 회복하는 길이 아닐까 싶다. 그 길의 출발에 바로 퇴계의 심학은 놓여 있다.

| 강릉 오죽헌 |

누구나 과거 응시 · 10만 양병
조선 혁신 주장한 율곡 이이

강릉
오죽헌

외가

우리 조상들은 외가에서 태어나는 경우가 많았고, 특히 맏이인 경우에는 거의가 그랬다. 그 이유는 우리네 결혼 제도에서 기인한다. 조선은 남존여비 사상이 강했고, 때문에 여자들이 힘든 시집살이를 겪었다고 전해지지만, 이는 한쪽 면만 본 것이다. 사실 한국은 옛날부터 여자들이 강했다.

조선시대의 의례는 대부분 중국의 『주자가례(朱子家禮)』에 따라 거행됐지만, 혼례식만은 끝까지 우리 방식을 고집했다.

중국의 혼례식은 신랑 집에서 치러졌고, 신부는 식을 마친 후 그때부터 곧장 신랑의 집에 머물렀다. 하지만 우리

율곡 영정을 모신 문성각
오죽헌은 율곡 이이의 출생지다
그의 본가는 경기도 파주지만
외가인 강릉의 오죽헌이 더 잘 알려져 있다

조상들은 혼례를 신부의 집에서 치렀다. 그래서 혼인의 의미엔 '신랑이 신부의 집으로 들어간다'는 의미가 담겨 있다. 장인의 집으로 들어간다는 의미에서 혼인을 '장가간다'거나 '장가든다'라고 부르는 까닭이 이와 같다.

고구려에서는 장인의 집 뒤에 서옥(壻屋)이라는 사위의 집을 지어 놓고 신랑을 거기에 살게 하면서 10여 년 가까이 '혹사'시켰다. 신부는 신랑이 다치기라도 할까봐 아버지로부터 신랑을 보호하느라 전전긍긍했다.

고려시대에 와서는 사위가 장인의 집에 머무는 기간을 3년으로 줄였고, 조선시대 때는 대략 1년으로 줄었다. 그러던 것이 광복 이후엔 3일로 줄어들었고, 지금은 하루로 줄었다. 신랑신부가 신혼여행을 다녀와 신부의 친정집에서 하룻밤을 머문 뒤에야 신랑의 집으로 가는 것이 그렇다.

과거에는 그 하루 동안 신랑이 동네 청년들에게 '혹사'를 당했지만, 지금은 그러한 풍속도 사라진 지 오래다. 이처럼 한국에서 부부관계는 여성 중심이었다. 며느리가 힘든 시집살이를 한 것은 시어머니가 강했기 때문이었다. 시집살이를 혹독하게 시킨 것은 시어머니였지 시아버지가 아니었다.

몽룡실과 신사임당의 영정

오죽헌, 어머니 사임당
그리고 깨달음

율곡 이이(栗谷 李珥, 1536~1584)는 셋째 아들이었지만, 어머니 사임당이 친정인 오죽헌(烏竹軒)에 머물러 있을 때 외가에서 태어났다. 오죽헌은 강릉시 율곡로 3139번 길에 위치하고 있다. 1963년에는 보물로도 지정되었다. 알다시피 그이름은 주위에 검은색의 대나무가 많다고 해서 지어진 것이다.

오죽헌에 당도하니 웅장한 돌기둥으로 만든 정문이 길손을 맞는다. 정문 안에 꾸며놓은 정원은 우리 문화에 걸맞지 않아 좀 실망스러웠다. 오죽헌 앞마당에는 향토민속관, 시립박물관, 선비문화체험관 등 예전에 없던 건물들이 빼곡히 들어서 있다. 고즈넉하던 옛 모습이 사라진 것 같아 아쉬운 마음을 떨칠 수 없었다.

오죽헌의 옛 건물에 들어서니 정면에 율곡의 영정을 모셔놓은 문성사(文成祠)가 보인다. 역시 시멘트로 만든 건물이란 점이 옥에 티처럼 마음에 걸린다. 예를 올리고, 오죽헌이라는 현판이 걸려 있는 옛 건물로 향했다.

먼저 몽룡실(夢龍室)이란 현판이 걸려 있는 건물이 눈에 들어온다. 율곡의 모친인 사임당은 서른세 살 12월 26일 새벽에 현란한 태몽을 꾼다. 검은 용이 바다로부터 부인의 침실로 날아와 문머리에 서려 있는 꿈이었다. 율곡의 아명을 현룡(見龍)이라 한 것도, 이곳에 몽룡실이란 현판을 단 것도 바로 이 태몽 때문이리라.

율곡은 어릴 때부터 총명했지만, 모친 외에 따로 스승이 없었다. 그는 어머니 사임당에게서 모든 것을 배웠다. 13세 때 초시에 합격했으나 16세 때 어머니가 돌아가셨다. 이 고통을 감당하기 어려웠던 율곡은 3년간의 묘막 생활을 마치고, 금강산 마하연(摩訶衍)이라는 절에 들어가 수도 생활을 시작했다.

입산수도 끝에 삶과 죽음의 이치를 깨친 율곡은 어느 날 숲속에서 만난 노승에게 시 한 수를 지어 전한다.

물고기 뛰고 솔개 날지만 위아래가 같은 것
이런 모습은 색도 아니고 공도 아니다
부질없이 한 번 웃고 이 몸을 바라보니
석양 빗긴 총림 속에 홀로 서 있네

사람은 물고기가 물에서 뛰어 오르고 솔개가 하늘을 난

오죽헌 내부의 모습

다고 생각하지만, 그렇지 않다. 물고기는 물고기로 태어난 것이 아니라 저절로 그렇게 된 것이고, 물에서 헤엄치는 것이 아니라 저절로 그렇게 움직이는 것이다. 솔개도 솔개가 된 것이 아니라 저절로 그렇게 된 것이고, 하늘을 나는 것이 아니라 저절로 그렇게 움직이고 있다. 모두 저절로 라는 의미에서 차이가 없다.

사람들은 태어나고 늙고 병들고 죽는 것을 다른 것으로 보지만, 모두 자연현상일 뿐이므로 다를 것이 없다. 색과 공도 구별되는 것이 아니고, 나무와 '나'도 구별되는 것이 아니다. 석양 빗긴 총림 속에 서 있는 이 몸 또한 빽빽이 들어서 있는 나무들과 다를 것이 없다. 이를 알면 죽음의 고통에서 벗어난다.

이를 깨달은 율곡은 더 이상 절에 머물러 있을 이유가 없어졌다. 1555년 그의 나이 20세 되던 해에 하산하여 세상으로 돌아왔다. 삶과 죽음이 하나이듯, 낙원과 속세도 동떨어져 있는 것이 아니었다. 그런데 사람들이 타락하여 자연을 자연으로 놓아두지 못하고, 욕심을 채우느라 세상을 점점 더 혼탁하게 만들어버리는 것이었다.

이상 세계와 현실론

세상으로 돌아온 율곡은 이 세상을 이상 세계로 만드는 일에 뛰어든다. 세상을 이상 세계로 만드는 일을 유학에서는 '수기치인(修己治人)'이라고 한다. 율곡은 개인적으로 수양이 완성된 사람만이 정치에 관여해야 한다고 믿었다.

1558년 봄 도산서원을 찾아가 퇴계 이황을 만난 율곡은 퇴계에게 정치 참여를 권했지만 뜻대로 되지 않았다. 그렇다면 직접 나설 수밖에 없었다. 퇴계의 수양철학에다 율곡의 정치적 실천력을 합치면 되는 것이었다.

율곡은 퇴계를 만난 뒤 적극적으로 과거에 응시해 아홉 차례나 장원 급제를 했다. 1564년부터 호조좌랑을 시작으로 여러 관직을 두루 거치면서 적극적으로 정치에 참여했다. 이상 세계 건설의 출발점은 임금의 마음을 바르게 하는 데서부터 출발한다고 여겼기 때문이다.

율곡은 1575년에 제왕학의 지침서인『성학집요(聖學輯要)』를 편찬하여 선조에게 바쳤다.『성학집요』는 임금이 이 세상을 다스리는 데 필요한 요체를 여러 경전에서 뽑아 정리한 것이다.

이 외에도 율곡은 다방면에 걸쳐 이상 세계 건설을 위한 이론을 제시했고, 그 실천을 위해 힘썼다.

율곡이 제시한 이론의 첫째는 '입지(立志)'였다. 뜻을 세우지 않고 되는 일은 없다. 개인적으로는 성인이 되는 것을 목표로 삼아야 하지만, 임금은 하(夏)·은(殷)·주(周) 3대와 같은 이상 세계를 목표로 삼아야 한다고 했다.

그러면서 율곡은 정치·경제·국방·교육에 걸쳐 혁신적인 개혁안들을 다양하게 내놓았다. 문벌과 신분 위주의 교육에서 탈피해야 하고, 누구에게나 과거 시험에 응시할 수 있도록 해야 하며, 우수한 인재는 누구나 관직에 나아가게 해야 한다고 주장했다. 신분 고하를 막론하고 차별을 두지 않아야 한다고도 했다. 이런 주장들은 매우 혁신적인 것이었다.

이 가운데 이상 사회에서는 사람에 대한 차별이 없어야 한다는 게 율곡 사상의 출발점이다. 실제로 율곡은 정실 소생 없이 서자(庶子)만 있었지만, 따로 양자를 들이지 않음으로써 스스로 이를 실천하는 모범을 보였다.

하지만 그의 꿈이 영글기도 전에 검은 구름이 들이닥친다. 일찍이 일본의 침략을 감지한 그는 십만양병설을 주장했지만, 들어주는 사람이 없었다. 그의 속은 시커멓게 타들어갔다. 그러나 무너지는 조국을 위해 마지막 순간까지 최

제왕학의 지침서인 『성학집요』

선을 다하는 수밖에 없었다. 그는 이순신을 류성룡에게 천거하고는 더 이상 몸을 가누지 못한 채 숨을 거둔다. 율곡 사후 8년째 되던 해인 임진년, 비극은 기어이 찾아오고 말았다. 일본의 침략에 조선은 초토화됐다.

정유재란 때 포로로 잡혀가서 일본 주자학의 시조가 되었던 강항(姜沆, 1567~1618)이 귀국하여 쓴 『간양록(看羊錄)』에는 그가 귀국하기 직전에 양심적인 일본의 승려가 찾아와 당부한 말이 적혀 있다. "일본은 반드시 다시 조선을 침략할 것이니 조선은 침략 당하지 않도록 대비하라"는 것이었다. 하지만 이후에도 조선의 정치인들은 이전투구의 싸움만 계속할 뿐이었다.

나라의 장래는 아랑곳하지 않고 정파 간 싸움에만 몰두하고 있는 정치권 소식을 접할 때마다 율곡과 강항의 뼈저린 경고가 가슴에 사무치곤 한다.

오죽헌 주위에 많이 나 있는 검은 대나무인 오죽

연꽃 섬 원림에
선비의 풍류가 깃들고

보길도 윤선도 원림

연꽃을 닮은 섬에서
발길이 멈췄다

전라남도 해남군 완도군의 보길도를 찾았다. 그곳에 세연정(洗然亭)과 세연지(洗然池)가 있다. 고산 윤선도(孤山 尹善道, 1587~1671) 선생이 만든 정원이다. 그간 말로만 듣던 보길도를 찾게 된 데는 늦은 감이 없지 않다.

　해남 땅끝 마을과 완도에서 배를 타고 가는 두 가지 길 가운데 나는 전자를 택했다. 부두에 정박해 있던 배에 타고 간 차를 내 몸과 함께 싣고 승선했다. 배는 노화도까지만 가는데, 거기서 보길도로 연결된 다리를 건너 차로 달리면 이내 세연정에 닿는다.

윤선도의 발길을 잡은 섬 보길도는
연꽃을 닮아 부용동이라 불렸다

윤선도 선생의 본관은 해남, 호는 고산 또는 해옹(海翁)이다. 아버지는 예빈시부정을 지낸 윤유심이지만, 강원도 관찰사를 지낸 숙부 윤유기의 양자가 되었다.

열여덟에 진사 초시에 합격했고, 스물에 성균관 유생들이 보던 승보시에서 장원을 했다. 1616년(광해군 8) 성균관 유생 시절에 이이첨(李爾瞻, 1560~1623)·박승종(朴承宗, 1562~1623)·유희분(柳希奮, 1564~1623) 등을 규탄하는 「병진소(丙辰疏)」를 올렸다가, 이이첨 일파의 모함으로 함경도 경원으로 유배되었다. 1년 뒤인 1617년에 유배지를 경상남도 기장으로 옮겼다가 1623년 인조반정으로 이이첨 일파가 처형된 뒤 풀려나 의금부도사로 제수됐다. 그러나 3개월 만에 사직하고 해남으로 내려갔다. 그 뒤 찰방 등에 임명됐으나 관직을 모두 사양했다.

그 후 1628년(인조 6) 별시 문과 초시에 장원으로 합격해 봉림대군과 인평대군을 가르치는 스승이 된다. 당시의 법률로는 왕의 사부(師傅)는 겸직할 수 없었지만, 특명으로 공조좌랑·형조정랑·한성부서윤 등을 5년간 역임한다. 1633년(인조 11) 증광 문과에 병과로 급제한 뒤 예조정랑·사헌부지평 등을 지냈으나 1634년(인조 12) 강석기(姜碩期, 1580~1643)의 모함으로 성산현감으로 좌천된 뒤, 이듬해 파직되어 고향인 해남으로 내려간다. 고산이 태어난 곳은 서울이었지만, 그의 선조들의 고향이 해남이었고, 그도 어릴 때 해남에 자주 내려가 있었기 때문에 해남은 그에게 고향이나 다름없었다.

고산이 해남에 머물 당시 병자호란이 일어난다. 그는 이 소식을 듣고 왕을 돕기 위해 집안사람들과 노복 수백 명을 배에 태우고 강화도로 향했다. 하지만 강화도에 당도하기도 전에 이미 섬이 함락되고 왕은 청나라에 항복했다는 소식을 접한다. 고산은 이 치욕을 감당할 수 없어 세상을 등지고 숨어 살기 위해 제주도로 떠날 결심을 내린다. 그러나 남쪽으로 내려가던 길에 상록수가 우거진 아름다운 섬 보길도에 마음이 사로잡혀 제주도행을 포기하고 이 섬에 터를 잡는다.

고산은 섬의 모양이 연꽃을 닮았다고 하여 부용동(芙蓉洞)이라 이름 붙이고, 섬의 주봉인 격자봉(格紫峯, 해발 425m) 아래 낙서재(樂書齋)를 지어 거처로 삼았다. 또 섬 곳곳에 세연정, 무민당(無悶堂), 곡수당(曲水堂), 정성암 등 모두 스물다섯 채의 건물과 정자를 짓고 연못을 파서 이상향을 꾸몄다.

오늘날 남아 있는 부용동 정원은 크게 세 구역으로 나누어진다. 고산이 살림집으로 거처했던 낙서재 주변과 그 맞은편 산 중턱에 위치한 휴식 공간인 동천석실(同天石室) 주변, 그리고 그가 여가를 즐겼던 세연정 주변이다. 고산은 섬 전체의 조화를 고려하여 공간 배치를 조율했다. 그는 낙서재에서 아침 일찍 일어나 몸을 단정히 한 뒤 제자들을 가르쳤고, 그런 다음에는 동천석실이나 세연정에 가서 풍류를 즐겼다고 전해진다.

속세의 먼지를 씻을 때
자연이 되고

보길도로 접어들어 오른쪽 길로 3분 정도 달리면 부용동 동구에 자리한 세연정이 나온다. '세연'이란 물에 씻은 듯 깨끗한 자연이란 뜻이지만, 속세의 먼지를 씻어 자연이 되는 장소로 이해하는 게 마음에 더 쉽게 다가온다.

세연정은 터만 남아 있던 것을 1993년에 복원했다고 한다. 세연정으로 가는 길에 고산의 기념관을 먼저 만난다. 이곳에서 고산의 생애를 담은 여러 기록들을 차분하게 살펴볼 수 있어서 좋았다.

세연정과 세연지

세연정으로 들어서는 길에 눈에 띈 것은 바위였다. 일곱 개의 큰 바위가 연못 속에 놓여 있었다. 이를 '칠암(七岩)'이라고 부르는데, 연못 속의 바위와 물이 어우러져 절묘한 조화를 이룬다. 고산의 「오우가(五友歌)」에 물과 돌이 가장 먼저 등장하는 이유가 바로 여기에 있음을 알 수 있었다.

고산은 자연적으로 흘러들어오는 물을 판석으로 된 보로 막아 연못(세연지)을 만들고, 연못 가운데 섬을 만들어 거기에 정자(세연정)를 지었다. 대개 선비들의 연못은 이와 같은 방식으로 네모꼴에다 그 가운데 둥근 섬을 두는 것이 많다. 네모난 연못은 땅을 상징하고, 둥근 섬은 하늘을 상징한다. 그렇게 되면 연못은 그냥 땅에 있는 연못이 아니라 하늘을 품은 땅을 의미하게 된다.

사람도 그렇다. 사람은 몸을 가지고 살지만, 그 속에 마음을 가지고 있다. 몸은 땅이지만, 마음은 하늘이다. 사람은 하늘을 품은 땅으로 산다. 사람이 귀한 것은 이렇게 하늘마음을 품고 있기 때문이다.

세연정과 세연지는 인공으로 만들어졌으되 그 인공미가 느껴지지 않을 정도로 자연을 연출해냈다. 있는 그대로의 연못물과 돌을 그대로 살렸다. 세연이란 이름은 그래서 더욱 돋보인다. 연못 주변에는 오래된 소나무들 서 있고, 대

칠암

돌도 고산의 벗 가운데 하나였다

나무도 심어져 있다. 고산의 다섯 벗을 모두 만나려면 밤까지 기다렸다가 떠오르는 달을 봐야 하겠지만, 그때까지 머물지 못하고 발길을 돌려야 하는 것이 아쉬울 뿐이었다. 세연정에서 달과의 만남은 다음을 기약해본다.

1993년에 옛 주춧돌 위에 새로 복원한 정자도 그 구조가 좋았다. 정자 한가운데 사방 2.5미터 정도로 온돌방이 만들어져 있고, 다시 그 사방으로 마루가 깔려 있다. 온돌방 문은 사방을 다 들어 올릴 수 있으며, 외면 마루로 된 방 역시 모든 문을 들어 올릴 수 있게 되어 있다. 방에서 문을 닫고 쉬어야 할 계절 외에는 항상 문을 열어 두고 사방의 자연 경관과 하나가 될 수 있도록 설계된 정자다.

판석으로 만든 보를 건너 숲길로 조금 오르면 옥소암이 나온다. 옥소암에서 풍악을 연주하며 춤을 추면 세연지에 그 그림자가 비쳤다고 한다. 옥소암에 올라 세연정을 내려다보는 운치 또한 놓치기 어려웠다.

판석으로 만든 보 역시 나름대로 운치가 있었다. 평소에는 물을 가두는 역할을 하면서 사람들이 건너다니는 다리가 되지만, 물이 많아져 넘쳐날 때는 판석 폭포로 변신하기도 한다.

물을 가두지만
흘러넘치면
폭포를 연출하는 판석보

세연정 창문을
모두 들어 올리면
방 안으로
자연이 들어온다

치인과 풍류

유학은 수기치인(修己治人)의 학이다. 수기는 몸과 마음을 닦아 군자가 되는 것이고, 치인은 다른 사람으로 하여금 군자가 되도록 유도하는 것이다. 그렇게 하는 것이 왕도정치다. 그러므로 당시의 치인은 오늘날의 정치와 다르다. 치인할 수 없을 정도로 소인배들이 들끓는 정치판에서 군자는 구차하게 벼슬하지 않는다. 시골로 물러나 한가하게 풍류를 즐기는 것이 군자의 삶에 훨씬 더 어울린다. 더욱이 우리나라에는 예로부터 풍류를 누리는 선비 정신의 전통이 있기 때문에 더욱 그러하다.

고산은 서울에 올라갔다가 왕에게 인사를 드리지 않은 것이 죄가 되어 1638년(인조 16) 다시 경상북도 영덕으로 유배를 갔다가 이듬해에 풀려나 보길도로 돌아온다. 이후 고산은 10년 동안 보길도의 부용동과 금쇄동(金鎖洞)의 자연 속에 파묻혀 한가하고 초연한 삶을 누렸다.

이때 금쇄동을 배경으로 「산중신곡(山中新曲)」·「산중속신곡(山中續新曲)」·「고금영(古今詠)」·「증반금(贈伴琴)」 등의 시조를 지었다. 유명한 고산의 작품인 「오우가」는 물·돌·소나무·대나무·달 등 다섯 벗을 노래한 것으로, 「산중신곡」안에 수록돼 있다. 1651년(효종 2)에는 보길도를 배경으로 한 대표작 「어부사시사(漁父四時詞)」를 짓는다.

선비들은 풍류를 누리다가도 여건이 허락하면 다시 왕도정치 실현을 위해 세상에 나서기도 한다. 왕도정치는 두 가지 조건이 맞아야 실현 가능성이 있는데, 하나는 훌륭한 왕이 출현해야 하는 것, 다른 하나는 왕을 보좌하는 훌륭한 신하가 출현해야 하는 것이다.

1652년(효종 3) 고산은 효종의 부름을 받는다. 그간 자연에서 초연히 살고 있던 고산은 효종이 훌륭한 임금일 수도 있다는 생각을 했다. 고산은 봉림대군 시절의 효종을 가르쳤기 때문에, 그를 잘 알고 있었다. 당시 효종은 도량이 크고 독서를 좋아했으며, 부친에게 늘 극진하게 효도를 다했다. 고산은 1657년(효종 8) 71세가 되던 해에 효종의 부름을 받아 동부승지가 되었다.

그러나 왕도정치의 실현을 위한 고산의 기대는 우암 송시열에 맞서다 파직되는 것으로 끝이 난다. 1659년 효종이 승하하자 예론(禮論) 문제로 서인과 맞서다가 삼수에 유배되기 때문이다. 1667년(현종 8)이 돼서야 그는 풀려나는데, 이후 자신이 만든 자연인 부용동의 품으로 내려와 살다가 낙서재에서 85세를 일기로 생을 마감한다. 그러고 보니 부

낙서재 맞은편 안산 암반에 한 칸 집을 짓고
윤선도는 산천으로 둘러싸인 경치 좋은 곳이란 뜻으로
동천석실이라 이름 붙였다

용동 원림은 왕도정치에 대한 꿈을 품었던 선비가 채 뜻을
이루지 못한 한을 풍류로 승화시킨 현장이었다.

| 구례 운조루 |

주인의 마음씨를 빼닮은
고택 안마당을 거닐다

구례
운조루

귀거래사

전라남도 구례군 오미리에 호남의 대표적인 양반 가옥인 운조루(雲鳥樓)가 있다. 낙안군수와 삼수부사를 지냈던 무관 삼수공 유이주(三水公 柳邇冑, 1726~1797)가 지었다고 한다. 기실 운조루란 사랑방 서쪽 대청 두 칸에 붙여둔 이름이었지만, 지금은 가옥 전체를 대표해 사람들이 일러 부르는 명칭이 됐다.

더 거슬러 올라가면 운조루는 중국 동진시대 도연명(陶淵明, 365~427)의 「귀거래사(歸去來辭)」에 나오는 두 구절, 즉 "구름은 무심히 산봉우리에 걸려 있고, 새들도 날다 지치면 돌아올 줄 아는구나[雲無心以出岫 鳥倦飛而知還]"에서 따온

운조루의 바깥
대문채와 연지

말이다. 벼슬을 그만두고 고향의 자연으로 돌아가는 시인의 심경이 여기에 담겨 있다. 우리네 선비들에게도 이 시는 많은 사랑을 받아왔다.

사람은 원래 자연이다. 몸도 자연이고 마음도 자연이다. 저절로 나고 저절로 자라고 저절로 죽는다. 그런 점에서 보면 태어나는 것이나 죽는 것이 다를 것이 없다. 그런 자연의 모습으로 산다면 고통이 있을 리 없다. 그러나 사람이 어느 순간 '나'라는 관념을 만들어낸 뒤에는 '내 것'을 챙기려는 욕심이 생기기 때문에 문제가 생긴다. 사람은 욕심에 눈이 멀면 그것을 채우느라 만신창이가 되어서도 본래의 자연으로 돌아갈 생각을 하지 못한다. 새는 지치면 본래 있던 곳으로 돌아갈 줄 알지만, 사람은 그러지 못한다.

그러나 운조루의 주인은 그것을 알았다. 본래 있던 곳으로 돌아갈 줄 아는 새처럼 자연으로 돌아와 자연의 모습으로 살고자 했다.

자연을 닮은
운조루의 조형

운조루는 천 평가량의 대지에, 방형에 가까운 돌담장이 둘러쳐 있다. 남쪽 대문 앞의 연못은 한국의 연못이 대부분 그렇듯이 네모난 모양에 가운데 둥근 섬이 자리해 있다. 둥근 섬은 하늘이고 방형의 연못은 땅이다. 연못을 바라보는 사람은 우주에서 하늘과 땅을 바라보고 있는 셈이다.

한국인은 '한마음'이란 단어를 종종 쓰곤 한다. 이는 몸에 갇혀 있는 마음이 아니라 몸 밖으로 열려 있는 마음이다. 열려 있는 마음은 하늘과 땅 사이에 가득한 하늘마음이고, 우주에 가득한 우주마음이다. 운조루의 주인은 우주의 마음으로 하늘과 땅을 보고자 한 것이다.

대문 앞에는 동쪽에서 서쪽으로 시냇물이 흐른다. 운조루로 들어가기 위해서는 그 물을 건너가야 한다. 물을 건넌다는 것은 불교에서 말하는 차안(此岸)에서 피안(彼岸)으로 건너가는 것이다. 따라서 여기 시냇물은 속세에서 자연과 동화되는 세계로 건너가는 관문을 의미한다.

대문을 들어서서 운조루의 중심부를 향하는 오르막을 걷다보면 안채가 나온다. 안채는 장독대가 있는 안마당을

안채와 안마당

사랑채 누각

중심으로 사방으로 배치되어 'ㅁ'자 형태를 이루고 있다. 큰 사랑채는 서쪽 방향으로 이어져 있고, 작은 사랑채는 남쪽 방향으로 이어져 있다. 2층 다락으로 꾸며진 날개채와 길게 늘어선 행랑채도 눈에 들어온다. 총 55칸으로 이뤄졌다는 가옥 전체를 차분히 바라보는 것만으로도 몰입이 된다.

섬돌 하나하나도 예사롭지 않고, 주춧돌과 기둥의 연결도 절묘하다. 대들보와 서까래도 우아하기 짝이 없다. 옛 선비들은 주춧돌에서 기둥을 세울 때나 섬돌을 쌓을 때 자연을 연장시키는 방식을 취했다. 주춧돌은 깎지 않고 자연 그대로의 돌을 썼다. 나무 기둥의 아랫부분을 돌의 모양에 맞추어 깎아서 세웠으므로 기둥조차도 자연의 연장이었다. 섬돌 쌓아가는 방식도 그러했다. 맨 아래에 있는 돌이 자연이므로, 윗돌의 모양도 아랫돌에 맞추어 쌓았다. 역시 자연을 연장시키는 방법을 택한 것이다.

서구나 일본에서는 무엇이든 반듯반듯하게 깎아서 쌓기 때문에 건축물들은 절묘한 인공미를 자랑하곤 한다. 하지만 한국인의 그것은 사람이 만든 것이면서도 그대로 자연이었다. 일견 정교하지 않은 듯하지만, 아무리 보고 있어도 질리지 않는다.

목적 없는 배려
조건 없는 사랑

운조루 구석구석을 살피다가 놓쳐선 안 될 것들을 찾아 냈다.

그 가운데 하나가 '타인능해(他人能解)'라는 글귀가 새겨 진 큰 쌀독이다. 그 글귀는 "주인이 아닌 누구라도 이 쌀독 을 열 수 있다"는 뜻이다. 흉년이 들었을 때 굶주린 사람들 에게 쌀을 나누어주기 위해 만든 쌀독이라고 한다. 쌀독에 난 두 구멍 중에서 한 구멍에 꽂혀 있는 나무를 돌리면 다 른 구멍에서 쌀이 쏟아져 나오도록 만들어졌다는데, 구멍 에 꽂혀 있던 나무는 안타깝게도 현재 잃어버린 모양이다.

눈길이 멈춘 또 한곳이 바로 굴뚝이다. 운조루에는 높은 굴뚝이 없다. 모두 낮은 곳에 눈에 띄지 않게 숨어 있다. 운 조루 주인이 넉넉하지 못한 사람들에게 미안한 마음이 들 어서 그렇게 만들었다고 한다. 운조루 사물 곳곳에 깃든 이 러한 정신은 한국인의 한마음에서 비롯된 것이다. 한마음 엔 나와 너의 구별이 없다.

12대 삼백 년 동안 만석꾼을 유지했고 10대에 걸쳐 진사 를 배출하면서 사람들에게 익히 알려진 경주 교동의 최부잣집도 운조루의 주인과 같은 마음이었다. 이 집안에 전해 내려오는 것 가운데 육훈(六訓)이라는 것이 있다. 이는 여섯 가지 가르침이라는 의미의 가훈으로, 과거를 보되 진사 이상은 하지 말 것, 재산은 만 석 이상 지니지 말 것, 과객을 후하게 접대할 것, 흉년기에는 땅을 사지 말 것, 며느리들은 시집온 후 3년 동안 무명옷을 입을 것, 사방 백 리 안에 굶어죽는 사람이 없게 할 것 등의 내용이 담겨 있다. 이 내용 하나하나가 모두 한마음에서 출발한다.

오늘날 무릇 타인에 대한 배려가 강조되곤 한다. 하지만 그 저간을 곰곰이 짚어보면, 내가 남을 배려해야 남도 나를 배려하리란 지극한 이기심에서 마음이 시작되고 있을 뿐이다. 그러나 옛 선비들의 타인 사랑은 이기심에서 나오는 것이 아니라 한마음에서 나오는 조건 없는 것이었다. 운조루와 경주의 최부잣집이 숱한 변란을 거치면서도 건재할 수 있었던 까닭은 이렇게 이웃들에게 조건 없는 사랑을 베풀었기 때문이다.

조선 시대에도 빈부의 격차는 있었다. 양반과 노비라는 계급적 차별도 존재했다. 권력자들이 백성을 수탈하는 경우도 허다했다. 그럼에도 불구하고 조선 왕조가 오백년을 지탱할 수 있었던 까닭은 이와 같이 한마음으로 베푸는 정

곳간채
이곳에서 인심이 난다던가

곳간채 한구석에 자리 잡은 원통형 뒤주에
'타인능해' 글씨가 보인다

신이 그 통치의 바탕에 내재해 있었기 때문일 것이다.

오늘날에 비춰보니

『대학』에서 이르기를, "말을 기르는 사람은 닭과 돼지를 살피지 않고, 얼음을 잘라 보관했다가 여름에 사용하는 부잣집에서는 소와 양을 기르지 않으며, 전차 백 대를 가지고 있는 영주는 세금을 마구 긁어모으는 신하를 두기보다 차라리 도둑질하는 신하를 두는 것이 낫다"고 했다.

말을 기르는 부자가 닭과 돼지까지 기르면, 가난한 사람들이 먹고 살 수 없다. 여름에 얼음을 사용하는 부잣집에서 소와 양까지 기르는 경우도 마찬가지다. 백성의 세금을 긁어모으는 신하는 백성을 배려하는 마음이 없는 사람이므로, 도둑보다 더 나쁜 자이다. 도둑질하는 사람은 아직 양심이 남아 있기 때문에 몰래 숨어서 하지만, 세금을 긁어모으는 사람은 권력을 이용해 강도질을 하는 자와 다름없는 사람이기 때문이다.

덩치 큰 기업이 골목 상권까지 장악하려 들고, 터무니없이 나라의 세금이 오르고, 자연스럽게 국민들이 정부를 강도로 생각할 때, 망국의 시간은 앞당겨진다. 쌀독에 새겨진 '타인능해'라는 글귀의 의미와 담장 아래 야트막하게 자리 잡은 굴뚝들을 떠올리며 운조루 주인의 인생철학을 다시금 환기해보았다.

유배지 초당에서
다산은 학업을 이루고

강진
다산초당

가로막혔을 때
지혜로울 것

삶이 팍팍해질수록 생각나는 사람이 있다. 서민들의 생활을 위해 자신의 일생을 불태웠던 사람. 바로 다산 정약용(茶山 丁若鏞, 1762~1836) 선생이다. 다산은 강진에서 18년간 유배 생활을 했다. 죄도 없었다. 일반인이라면 억울해서 견디지 못했을 텐데, 그러나 다산은 달랐다.

『주역』의 괘 중에 '간괘(艮卦)'가 있다. 모든 일이 진척되지 않고 가로막히는 형국을 설명하는 괘이다. 입학시험을 치는 학생은 합격하지 못하고, 승진 심사를 받는 사람은 승진하지 못한다. 이럴 때 사람들은 극심한 스트레스를 받는다.

그러나 이럴 때 『주역』은 한 가지 지혜를 깨우쳐준다. 흐르는 물을 둑이 가로막는다고 물은 스트레스를 받지 않는다. 그 자리에서 멈춰 쌓이다가 둑을 넘어가게 될 때 큰 힘을 발휘한다. 그 에너지로 발전까지 가능하다. 사람 하는 일도 그렇다. 일이 나아가지 않고 막힐 때 억울하게 생각할 것이 아니다. 둑에 막힌 물처럼 멈춰서 실력을 쌓아라. 그러면 나중에 큰 힘을 발휘할 수 있다. 이러한 깨달음을 전해주는 것이 『주역』 간괘의 내용이다.

다산은 『주역』에 달통한 사람이었다. 유배 생활이 큰 업적을 쌓으라는 하늘의 뜻임을 그는 알고 있었다. 다시 말해 그의 큰 저술들은 거의가 강진 유배 생활 때 완성되었다.

다산은 1762년 경기도 마현에서 진주목사를 지냈던 정재원의 넷째 아들로 태어났다. 마현의 현재 주소는 경기도 남양주시 조안면 다산로 747번길 11로 되어 있다. 여기엔 그의 생가인 여유당(與猶堂)이 복원되어 있다. 주변에 다산문화관과 다산기념관이 있고, 수원성 축조 과정에 쓰였던 거중기도 전시되어 있다. 뒷산에는 선생의 묘소가 자리한다.

그는 어릴 적 부친에게서 배웠고, 열여 살 때부터 성호 이익 선생의 유고를 읽었다. 스물두 살에 초시에 합격해 성

생가 여유당 뒷산에 자리 잡은
다산 선생의 묘

균관에서 공부를 시작했으며, 이듬해 우리나라 최초의 천
주교인으로 알려진 이벽(李檗, 1754~1785)을 만나면서 『천주
실의(天主實義)』를 읽고 천주교에 심취하기도 했다.

스물여덟에는 대과에 급제해 벼슬길로 들어선다. 관직
은 희릉직장으로부터 출발해 가주서, 지평, 교리, 부승지 및
참의 등을 거치며 정조에게 신임 받는 측근이 되었고, 주교
사(舟橋司)의 배다리를 설계하고, 수원성제와 기중가(起重
架)를 설계하는 등 재능을 발휘하기도 했다.

학문에 임하는 마음

지금도 그렇지만 다산 당시도 많은 사람들이 머리로만 공
부했다. 머리를 써서 글을 읽고 암송했으며, 다시 정리해
글을 썼다. 사실 그것이 공부의 전부였다. 하지만 그런 공
부는 실생활과 별개였다.

다산은 달랐다. 다산은 당시 백성들이 고생하는 모습을
보면 마음이 아프고 가슴이 저렸다. 그는 책을 읽을 때도
가슴으로 읽었다. 다산이 예수가 행한 사랑에 감명 받은 것
도 이 때문이었다. 다산은 가슴에서 우러나오는 아픈 마음

을 글로 썼다.

다산의 글을 읽고 그의 인품과 탁월한 재능을 알아본 이가 바로 군왕 정조였다. 정조는 조선이 낳은 현군 중의 현군이었다. 정조는 현명한 정치를 펼치기 위해 다산을 찾았으며, 다산도 정조의 뜻을 받들어 많은 업적을 쌓았다. 하지만 그 정조가 다산의 나이 서른아홉에 갑자기 승하해버린다. 정조의 죽음은 다산에게 너무나 큰 충격이었다. 앞으로 이 불쌍한 백성들을 어떻게 해야 할까!

이듬해 신유박해가 조선을 덮쳤다. 많은 교인들이 참화를 당했고, 다산도 셋째 형 정약종(丁若鍾, 1760~1801)을 잃는다. 다산은 그해 2월에 장기로 유배되었다가 11월에 강진으로 옮겨졌다. 그리고 그곳에서 18년을 지내야만 했다. 유배 생활 초기에는 천주교도라는 소문 때문에 사람들에게 배척을 당하기도 했다.

다산은 강진에 도착해서 한 노파가 꾸리는 주막에 딸린 작은 방에 묵었다. 그 방에 사의재(四宜齋)란 이름을 붙이고, 두문불출 학문에 몰두했다. '사의'란 생각, 용모, 언어, 동작 등 이 네 가지를 마땅하게 한다는 뜻이다.

다산은 백성들을 고통에서 해결하는 방법은 단 하나, 성리학을 극복하는 것이라고 생각했다. 물론 성리학에도 투

사의재
다산은 주모 노파의 배려로
이곳에서 4년 동안 기거하면서
『경세유표』 등을 집필하고
강진의 첫 제자들을 교육했다

철한 애민 정신이 담겨 있다. 하지만 우암 송시열 선생 때부터 일부 성리학자들이 정권을 장악하면서 성리학이 급격히 타락하기 시작했다. 이들은 정권 유지의 수단으로 성리학을 이용했으며, 성리학과 다른 학문을 하는 사람을 사문난적(斯文亂賊)으로 몰아 처형하기도 했다. 애민의 철학이었던 성리학이 사람을 구속하고 억압하는 폭력의 도구로 전락한 것이었다.

다산은 이러한 사실을 너무도 잘 알고 있었다. 그에게 나라를 바로잡고 백성을 살리는 근본적인 방법은 이러한 성리학의 폐단을 극복하는 것이었다. 하지만 성리학의 방대하고 치밀한 체계를 극복한다는 것은 여간 어려운 일이 아니었다. 다산은 이 작업을 유배 시절에 해내겠다는 결심을 했다. 오히려 그에게 유배 생활은 낡은 성리학을 극복하고 새로운 학문을 정리하는 절호의 기회이기도 했다.

이 시절 다산은 특히 상례(喪禮)를 연구하느라 침식을 잊었다고 한다. 당시 정치인들이 정권 다툼에 가장 많이 이용했던 것이 예에 관한 것이었고, 그 중에서도 상례를 가장 많이 이용했기 때문이었다. 다산은 이 시기 『예기』와 상례 연구에 집중하면서 이에 대해 『단궁잠오(檀弓箴誤)』와 『예전상의광(禮箋喪儀匡)』와 같은 저술을 남겼다.

그의 나이 마흔넷 겨울엔 강진 보은산에 있는 고성암 보은산방에 머물며 주로『주역』을 연구했고, 이듬해 가을부터는 제자인 이청(李晴)의 집에서 기거했다. 그러다가 귀양살이 8년째가 되는 1808년 봄에 강진현 남쪽 다산에 위치한 귤림처사(橘林處士) 윤단(尹博)의 산정(山亭)으로 거처를 옮겼고, 이를 다산초당(茶山艸堂)으로 삼았다. 해남 윤씨는 다산의 외가였으므로 많은 편의를 제공받을 수 있었다.

다산초당과
그 주변을 거닐며

다산은 강진에서 가르쳤던 제자들과 지인들의 도움을 받아 대(臺)를 쌓고 못을 팠다. 꽃과 나무를 심고 폭포도 만들었다. 동서로 동암(東庵)과 서암(西庵)을 짓고, 본격적으로 저술과 교육에 매진했다. 석벽에 '정석(丁石)'이라는 두 글자를 새겨 자신이 사는 곳임을 표시하기도 했다. 그리고 다산은 이 초당에서 그 많고 어려운 숙제들을 해냈다.

지금 다산초당으로 향하고 있다. 길은 숲속으로 들어가는 오솔길이다. 너무나 호젓하고 아늑하다. 나무가 터널을

다산초당을 찾아가는 오솔길

이루고 있어 마음은 마치 소풍 나온 어린아이처럼 설레고 천진난만해진다.

5분가량 지났을까! 도중에 무덤 하나가 나타난다. 윤단의 손자이며 다산의 제자였던 윤종진의 무덤이다. 평소 스승을 사모하던 마음을 주체할 길이 없었던 제자의 마음 때문이었을까. 죽어서도 그는 다산초당을 떠나지 못했다. 어린아이처럼 해맑은 얼굴을 한 귀여운 할아버지 모습의 조그마한 동자석 두 기가 반가이 우리를 맞아준다.

제자의 무덤 앞에 있노라니 어느덧 다산을 흠모하는 제자의 마음이 된다. 설레는 가슴을 품고 그곳을 지나 비탈길을 따라 동백나무가 우거진 곳으로 올라간다. 드디어 다산초당이 눈에 들어왔다. 뭉클하다. 반갑게 맞아주시는 다산 선생의 모습이 눈앞에 어른거린다.

참으로 아늑하고 정겨운 건물이다. 정면에 서니 추사 김정희 선생의 글씨로 다산초당이라 쓰인 현판이 걸려 있고, 다산 선생의 영정이 그 방 안에 걸려 있다.

한참을 상념에 젖어 있다가 정신을 가다듬고 주위를 둘러보았다. 초당을 지나자마자 앙증스러울 만큼 조그맣고 귀여운 연못이 나온다. 네모난 연못 안에는 돌을 쌓아 만든 둥근 산이 있다. 네모는 땅이고 둥근 산은 하늘이다. 연못

다산초당

연지
네모난 연못 안에는
돌을 쌓아 만든 둥근 산이 있다
네모는 땅이고 둥근 산은 하늘이다
연못은 연못이 아니라 하늘 품은 땅이며
우주의 모습이다

정석

동암 마루에 걸터앉으면
다산의 글씨를 집자한 '다산동암' 현관과
추사가 쓴 '보정산방' 현관을
모두 볼 수 있다

은 연못이 아니라 하늘을 품은 땅이며, 우주의 모습이다. 산에서 흘러온 물이 폭포를 이루며 떨어지고 있다. 다산 선생이 10여 년간이나 즐겨 들었던 그 폭포 소리다. 고즈넉한 산속 풍경에 어울리게 이 소리는 크지도 작지도 않다. 이 소리를 듣고 있노라니 시간이 멈추어버린 듯하다.

다산은 초당 좌우에 동암과 서암을 지었다. 동암은 다산이 기거하는 거처였고, 서암은 윤단의 아들과 손자들을 위시한 제자들의 거처였다. 다산초당은 주로 교실로 썼다.

동암에는 다산의 글씨를 집자해 만든 '다산동암'이라는 현판과 추사가 다산을 위해 썼다는 '보정산방'이라는 현판이 나란히 걸려 있다.

오늘날 다산 당시의 것이 남아 있는 것으로는 초당 옆의 연못, 앞마당의 넓적한 바위, 집 뒤의 샘, 뒤편 바위에 새겨진 '정석'이라는 두 글자 정도이고, 건물들은 다 후대에 복원한 것이라고 한다. 그러나 그런 것들을 신경 쓸 필요는 없다. 복원을 했더라도 다산의 초당이라는 점에서는 차이가 없다.

지금 천일각이 서 있는 동쪽 산마루는 다산이 틈틈이 올라 바람을 쐬기도 하고 흑산도로 귀양 가 있던 둘째 형 정약전(丁若銓, 1758~1616)을 그리며 먼 바다를 바라보던 곳이

천일각

기도 하다. 천일각 옆으로 나 있는 오솔길은 다산이 틈틈이 혜장(惠藏, 1772~1811) 선사를 만나러 백련사로 드나들던 길이다.

유배지에서
학업을 이루다

다산초당으로 옮긴 다산은 본격적으로 제자들을 가르치며 연구와 저술에 몰두했다. 성리학을 극복할 수 있는 학문 체계는 거의 이때 완성됐다.

　저술은 그야말로 엄청나다. 『주경심전(周易心箋)』, 『역례비석(易例比釋)』, 『예전상복상(禮箋喪服商)』, 『기경강의보(詩經講義補)』, 『가례작의(嘉禮酌儀)』, 『소학주관(小學珠串)』, 『아방강역고(我邦疆域考)』, 『예전상기별(禮箋喪期別)』, 『민보의(民堡議)』, 『춘추고징(春秋考徵)』, 『논어고금주(論語古今柱)』, 『맹자요의(孟子要義)』, 『대학공의(大學公議)』, 『중용자잠(中庸自箴)』, 『심경밀험(心經密驗)』, 『소학지언(小學枝言)』, 『악서고존(樂書孤存)』, 『상의절요(喪儀節要)』 등이 모두 이 시기 업적들이다. 다산은 이어갈 후학들을 기대하면서 저술에

온 힘을 기울였다.

그러나 성리학을 극복하는 것 외에도 다산이 해야 할 일은 또 있었다. 바로 치국의 방법을 찾는 것이었다. 이에 대해서는 차라리 비판하는 게 쉬울 수 있지만, 새로운 대안을 내놓는다는 건 어려운 일이었다. 다산은 이 두 가지 숙제를 다 해내야 했다.

그의 방법은 크게 두 가지로 압축된다. 하나는 백성을 다스리는 방법이고, 다른 하나는 다스림에 따르지 않는 백성들을 처벌하는 방법이다. 다산은 전자에 대해서는 『목민심서(牧民心書)』로 정리해 저술했고, 후자에 대해서는 『흠흠신서(欽欽新書)』로 정리해 저술했다. 여기에 실질적인 제도 개혁의 내용을 담은 『경세유표(經世遺表)』를 더해 다산 경세론(經世論)의 '1표 2서'라 부른다.

유배 중이었던 다산에게는 저술하고 교육하는 것 외에 세상을 향한 다른 방도가 없었다. 그가 오직 기대했던 건 자신의 후학들이었다. 그가 유난히 제자들을 열성적으로 가르쳤던 이유가 여기에 있었다. 하지만 아무리 좋은 처방과 약제를 대령한다고 한들 환자가 그를 택하지 않으면 아무 소용이 없다. 다산 당대에 그의 비전이 실현되지 못한 건 이 때문이다.

도리어 시간이 흐른 뒤 다산의 심정을 가장 잘 헤아린 사람은 베트남의 국부(國父)로 불리는 호치민이었다. 그는 늘 머리맡에 『목민심서』를 두고 늘 애독했다고 한다. 호치민의 사례를 우리네 정치인들도 따른다면 얼마나 좋을까!

　다산은 57세 때 유배에서 풀려나 옛집으로 귀향한다. 그리고 1836년 75세의 나이로 세상을 뜰 때까지 고향땅 마현에서 자신의 학문을 마무리해 실학사상을 집대성한다. 초당을 내려오는 길, 뜨거운 열정으로 정력적인 저술 활동을 이어간 다산 선생 앞에서 여전히 게으름을 부리고 있는 내 자신이 부끄러워졌다.

| 양평 이항로 생가 |

노산사 제월대에서
위정척사의 본심을 헤아려보다

양평
이항로 생가

비운의 선비

선비와 폭력배가 이웃하여 살고 있었다. 근처 도시에 개발 바람이 불자, 폭력배가 먼저 달려갔다. 그는 그 도시에서 온갖 폭력적인 수단을 동원해 큰돈을 벌고 돌아와서 선비의 집보다 훨씬 더 큰 집을 짓고, 온갖 첨단 제품들을 갖춰 살았다. 그러나 선비는 옆집 폭력배를 부러워하지 않았다. 그의 삶은 참된 것도 아니고, 행복한 것도 아니었기 때문이다.

그러나 그 앞을 지나가는 사람들은 달랐다. 선비의 집보다 폭력배의 집을 더 오래 쳐다보았다. 선비의 집에서도 변화가 일어났다. 자녀들은 첨단 제품들이 가득한 옆집에 마음이 자꾸 끌려서 옆집을 기웃거리기 시작했다. 그럴 때마다 선비는 나무라기도 하고 달래기도 했다. 옆집을 따라가다 보면 물질의 노예가 되다가 급기야는 짐승처럼 되고 만다고 다그치기도 했다. 선비가 짐승처럼 된다고 한 것은 짐승을 폄훼한 것이 아니라 인간성이 파괴되어 사람의 도리를 잃어버린다는 뜻이었다.

선비의 자녀들은 선비의 말을 듣지 않고, 계속해서 옆집을 기웃거렸다. 그러다가 옆집 아이에게 호되게 얻어맞은 뒤에는 깨달았다. 선비의 말만 듣다가 옆집의 폭력성을 배우지 못한 것이 화근이었다고 생각한 것이다. 그 뒤로는 아예 선비의 말을 듣지 않았다. 선비의 교육은 글렀다고 생각하고 옆집의 방식을 따르기 시작했다. 선비는 안타까웠다. 아무리 호소해도 말을 듣지 않는 자녀들을 바라보면서 걱정으로 일생을 마감했다. 이 선비가 바로 화서 이항로(華西 李恒老, 1792~1868) 선생이다.

옆집의 폭력배는 서구인과 일본인이었다. 당시 서구인들은 남북미주, 오세아니아, 아프리카, 아시아 등지를 침략해 원주민들을 위협·말살하고 그들의 것을 빼앗은 뒤 그 땅에 식민지를 건설해나가고 있었다. 일본인들은 재빨리 이를 답습해 아시아에서 엄청난 폭력을 휘둘렀다. 그런데 우리는 희생의 원인이 일본처럼 재빨리 서구인들을 닮지 못한 것이라 생각하면서 열심히도 서구 세계를 뒤쫓아 헤맸다. 이것이 우리네 근세의 역사였다. 이에 화서 선생은 절규했지만, 그 호소는 허공으로 사라져버렸다.

경기도 양평군 서종면 노문리에 있는 이항로 선생의 생가를 찾았다. 선생은 기울어져가는 나라의 운명을 목격하고 걱정으로 한평생을 살았던 비운의 선비였다. 1808년(순조 8) 초시에 합격했으나 당시 과거 시험 방식에 문제가 있음을 알고 더 이상 과거에 응하지 않고, 오직 성리학 연구와 후학 양성에만 전념했다. 훗날 그의 학문이 조정에 알려져 1840년(헌종 6) 휘경원(徽慶園) 참봉(參奉)에 임명되기도 했으나 그는 곧 사퇴해버린다.

선생의 생가를
찾아가는 길

경춘고속도로 서종 나들목을 빠져나와 청평 방향으로 흐르다 수입리·노문리로 향한다. 가는 길에 펼쳐지는 숲과 계곡이 아름답다. 용문산과 유명산에서 시작하여 16킬로

이항로 선생의 생가

미터 이르는 이 계곡을 벽계구곡(檗溪九曲)이라 부른다. 조선의 선비들은 주자의 무이구곡(武夷九曲)에 영향을 받아 구곡을 좋아하는 경향이 있었다. 율곡 선생의 석담구곡(石潭九曲)이 대표적이지만, 이곳 노문리에도 벽계구곡이 있다.

그 꼬불꼬불한 계곡 길을 달리다 보면 눈앞에 어느새 화서 선생의 생가가 나타난다. 사방이 산으로 둘러싸인 아늑한 곳이다. 생가는 화서 선생의 부친 대에 지어진 것으로 이백 년도 훨씬 전에 터가 닦인 셈이다. 현재의 건물은 후대에 복원한 것이다. 안채는 'ㄱ'자 형태이고, 사랑채는 'ㄷ'자 형태로 되어 있는데 그 규모가 제법 상당하다. 선생은 이 저택에서 나고 자라 일평생을 살았다.

화서 선생은 특별히 사사한 스승 없이 독학으로 학문을 이루었다. 사랑채는 선생이 강학하던 곳으로, 여기서 김평묵(金平默, 1819~1891), 양헌수(梁憲洙, 1818~1888), 유중교(柳重敎, 1832~1893), 최익현(崔益鉉, 1833~1906), 유인석(柳麟錫, 1842~1915), 홍재학(洪在鶴, 1848~1881) 등을 위시한 수백 명의 제자들을 길러냈다. 이름하여 이곳을 청화정사(青華精舍)라고 부른다.

안채와 사랑채는 담으로 막혀 있지만, 중문이 있어 출입이 가능하게 되어 있다. 생가 오른편에 기념관이 건립되어 있고, 왼쪽에 벽계서당이 있다. 벽계서당은 지난 2000년에 건립됐다.

생가와 벽계서당 사이로 난 길을 따라 언덕을 올라가면 노산사(蘆山祠)라는 사당이 나온다. 사당 입구에 제월대(霽月臺)라고 쓰인 조그만 돌이 놓여 있고, 그 뒤에 화서 선생의 좌우명이 새겨져 있다.

> 마음속에 한 점 구름도 남기지 말자
> 계속해서 마음의 빛을 연마해야지
> 욕심을 다 비우고 지극히 밝아져서
> 하늘의 저 태양과 같아져야지

위정척사의 본심을 헤아려보다

화서 학문의 본령이 바로 이러하였다. 마음은 본래 한없이 맑고 밝은 태양이다. 그러나 욕심이라는 구름이 그 태양을 뒤덮어 어두워졌다. 학문이란 태양을 가린 그 욕심이란 구름을 닦아내는 것이다. 쉬지 않고 계속 닦아내고 또 닦아내

노산사 입구에 서 있는 제월대
이 뒷면에 화서 선생의 좌우명이 쓰여 있다

서 태양처럼 환히 빛나는 본래의 마음을 회복하는 것, 이것
이 화서 선생의 학문이었다.

본래의 마음이란 모두가 다함께 가지고 있는 한마음이
고, 그 한마음이 하늘의 마음이며 우주의 마음이다. 마음은
물질이 아니다. 물질이면 하나일 수 없기 때문이다. 물질이
아니면서 하나로 통해 있는 것을 성리학에서는 '이(理)'라
는 말로 표현한다. 화서 선생이 이를 중요하게 여긴 까닭이
여기에 있다.

노산사에는 주자, 송시열, 이항로 세 분의 영정과 위패
가 모셔져 있다. 생전의 화서가 평소 주자와 송시열 선생을
모시고 항상 경모하던 뜻을 받들어 제자들이 주자를 주벽
으로 하고 송시열 선생과 화서 선생을 동서로 배향했다. 화
서가 두 선생을 경모한 까닭은 두 분 모두 어려운 상황에 처
해 있는 나라를 구하기 위해 고군분투했던 분들이었기 때
문이다.

주자는 중국 남송 때 사람이다. 당시 남송은 금나라의
세력에 밀려 장강 이남으로 수도를 옮겨야 했을 정도로 굴
욕에 처해 있었다. 이를 견디지 못한 주자는 금나라와 화친
을 반대하고 결전할 것을 강력히 주장했다. 송시열 선생은
조선 효종 때의 신하였다. 효종은 청나라 장수에게 세 번

절하고 아홉 번 머리를 조아리는 삼궤구고두(三跪九叩頭)로 치욕스럽게 항복했던 인조의 뒤를 이은 임금이다. 송시열 선생은 이 치욕을 잊지 못하고 청나라를 정벌하기 위해 노심초사했던 인물이었다. 또한 화서 선생 자신도 서구 열강들에 무참하게 무너지는 조국을 직시해야 하는 비극적 시기를 살았다. 그는 병인양요 때 상소를 올려 주전척화론(主戰斥和論)을 주장한다.

나아가 선생은 당시 난관을 타개하기 위해 안으로는 사람의 도리와 나라의 정치 기반을 잘 닦고, 밖으로는 서양 오랑캐를 물리쳐야 한다는 '내수외양(內修外攘)'을 주장했으며, 서구 열강의 경제적 침탈 상황을 목격하고서 "서양 물건들은 모두 기이하고 교묘하여 사람들의 일상에 무익할 뿐만 아니라 크게 화가 되는 것이다"라며 서구에 대한 반감을 노골적으로 표출하기도 했다.

그의 이러한 위정척사(衛正斥邪)의 정신은 제자이자 구한말 대표적인 의병장이었던 최익현의 실천철학으로 거듭난다. 최익현 선생이 일제의 강제 개항에 뒤따른 강화도 조약에 반대하며 조정에 올린 「병자지부복궐소(丙子持斧伏闕疏)」를 잠시 살펴보자.

노산사 정면

이 사당 안에
화서 선생이 숭모하던
주자와 송시열
그리고 자신의 위패가 모셔져 있다

저들은 사람의 얼굴을 하고 있는 짐승입니다. 조금만 뜻에 맞지 않으면 사람을 죽이거나 잡아 넘기는 데 기탄이 없습니다. …… 저 외적(倭賊)들로 말하면, 돈과 여색만 밝히고 사람의 도리라고는 조금도 없으니 참으로 금수일 뿐입니다. …… 온 나라의 신하와 백성들이 서양 오랑캐에게 제재를 받는다면 얼마 안 가서 예의를 버리고 사교(邪敎)에 빠져 천리와 사람의 도리가 어떤 것인지 모르게 될 것입니다. …… 왜와 서양의 두 무리들은 심리가 서로 통하여, 중국을 횡행한 지 오래되었습니다. …… 서양이 바로 왜요, 왜가 바로 서양임을 한마디로 결정할 수 있습니다.

하지만 비극적이게도 화서 선생을 위시한 위정척사파의 주장은 사회적인 울림이 작았다. 당시 서구와 일본이 주도한 세계사의 질주를 막아내기엔 역부족이었다. 오히려 대원군의 쇄국정책과 함께 한국을 불행으로 내몬 원인으로 몰렸고, 시대를 제대로 판단하지 못한 어리석은 자들이라는 비난에 봉착하기도 했다. 이런 비난은 어떤 의미에서는 일리가 없는 것도 아니었다.

그러나 지금은 달라졌다. 선생이 말하려던 본질적인 염

려가 오늘날 현실로 드러나기 시작했다. 인간성은 갈수록 파괴되고, 사회적으론 언제 어떤 일이 일어날지 몰라 너도 나도 불안하기 짝이 없다. 자녀를 죽이는 부모가 있는가 하면 부모를 죽이는 자녀도 적지 않다. 익명이 익명에게 가하는 테러도 다반사다. 사람이 금수보다 못한 지경이 돼버렸고, 금수가 돼버린 사람은 자기가 금수인 줄 모른다. 오늘날 사람들이 그렇다.

이 시점에 화서 선생의 가르침은 어떤 메시지가 되어줄 수 있을까.

앞서 적었듯이 화서 선생은 인간 본래의 마음을 강조했다. 욕심 없는 한마음, 하나로 통해 있는 '이'의 철학을 강조했다. 그러니 위정척사의 본령이란 그러한 인간 본성 회복의 노력에 다름 아니었다. 선생의 이 가르침의 끝에는 사람 사는 세상이 자리하고 있지는 않을까. 내 마음에 선생의 목소리는 그렇게 울려왔다.

역사에도 봄날이 있다. 세상이 꽁꽁 얼어붙은 뒤에 따뜻
한 봄날이 찾아오듯, 사람들의 마음도 얼어붙으면 그 마
음을 따뜻하게 녹여주는 역사의 봄날이 오고야 만다. 지금
이 바로 그럴 때이다. 질세라 앞만 보고 달리던 이들의 마
음은 얼어붙을 대로 얼어붙었고, 사람 냄새 사라져버린 지
오래다.

하지만 한국인들에게는 남다른 것이 있다. 아직도 사람
의 온기가 남아 있다. 예로부터 한국인들은 몸보다 마음을
더 중시했다. 그리고 거기엔 모든 사람들이 함께 가지고 있
는 한마음이 자리하고 있다.

한마음을 가진 사람은 따뜻하다. 우리는 한마음을 가진
사람을 참된 사람이라 여겼고, 한마음을 상실한 사람을 짐

승이라 생각했다. 예컨대 우리는 여전히 남과 싸우다 화가
나면 "네가 사람이냐?"라며 따지곤 한다. 이는 몸을 보고
하는 말이 아니라 마음을 보고 하는 말이다.

한국인들은 이 한마음을 지키고 회복하기 위해 쉼 없이
노력해왔다. 신화에서처럼 동굴에 들어가 햇빛을 보지 않
고 마늘과 쑥만 먹으면서도 한마음을 챙겼다. 그리고 이를
우리네 문화재에 입혔다.

오늘날 마음이 얼어붙은 사람들은 한국인 특유의 사람
냄새를 맡고 싶어 한다. 이는 한국의 문화와 예술에서도 나
는 것이다. 한류 붐이 일어난 이유가 바로 여기에 있다. 이
제 한국의 문화재에서도 사람 냄새를 맡을 수 있게 해야 한
다. 그래야 사람들이 행복해지고 세상도 평화로워진다.

한국에는 고유한 문화재들이 많다. 유교 문화재도 그렇고 불교 문화재도 그렇다. 물론 북한에도 수없는 문화재가 남아 있다. 이 모든 문화재들에서 바로 그 사람 냄새를 맡을 수 있도록 다시금 옷을 입히는 일을 해야 한다. 그래야 서로의 온기가 전해질 수 있는 길이 열린다. 통일은 다른 곳에 있지 않다.

물론 이런 일은 혼자 할 수 있는 일이 아니다. 많은 사람들이 뜻을 가지고 함께 나서야 한다. 모쪼록 이 책이 작은 도움이나마 될 수 있기를 꿈꾸어본다.

남북 정상이 판문점 경계석을 넘던 날에

이기동

서원과 문화재의 위치

양평
이항로 생가

강릉
오죽헌

성균관과
문묘 일원

여주
영릉

안동
도산서원

서천
문헌서원

경주
옥산서원

담양
소쇄원

함양
남계서원

김해 산해정

구례 운조루

정암 선생
적려 유허비

강진 다산초당

보길도 윤선도 원림

지은이 **이기동**

경북 청도 출생으로, 성균관대학교 유학과와 동대학원 동양철학과를 졸업하고, 일본 츠쿠바대학에서 박사학위를 받았다. 성균관대학교 유교문화연구소장과 대학원장을 역임했으며, 2017년 여름 정년을 맞아 명예교수가 되었다. 동양 철학 속에 담긴 삶의 지혜를 '강설'이라는 알기 쉬운 오늘날의 언어로 옮긴 끝에 '사서삼경강설' 시리즈(전6권)를 상재했으며, 『동양 삼국의 주자학』, 『이색─한국 성리학의 원천』, 『이또오 진사이』, 『공자』, 『노자』, 『장자』 등의 동양 사상서와 『하늘의 뜻을 묻다─이기동 교수의 쉽게 풀어 쓴 주역』, 『한마음의 나라 한국』, 『장자, 진리를 찾아가는 길』 등의 교양서를 비롯해 다수의 저·역서가 있다.

이기동 교수의
우리 문화의 재발견

━━━━━

나의 서원書院 나의 유학儒學
한국인의 마음을 찾아 떠난 여행

1판 1쇄 발행 2018년 7월 15일
1판 2쇄 발행 2019년 12월 30일

지은이 | 이기동
펴낸이 | 신동렬
책임편집 | 현상철
편집 | 신철호·구남희
마케팅 | 박정수·김지현

펴낸곳 | 사람의 무늬·성균관대학교 출판부
등록 | 1975년 5월 21일 제1975-9호
주소 | 110-745 서울특별시 종로구 성균관로 25-2
전화 | 02) 760-1252~4
팩스 | 02) 762-7452
홈페이지 | press.skku.edu

ISBN 979-11-5550-282-2 03150
정가 15,000원